परिवार प्रबंधन

परिवार प्रबंधन

क्योंकि परिवार ही आपके जीवन का आधार है

पं. विजयशंकर मेहता

मंजुल पब्लिशिंग हाउस

मंजुल पब्लिशिंग हाउस

कॉरपोरेट एवं संपादकीय कार्यालय

• द्वितीय तल, उषा प्रीत कॉम्प्लेक्स, 42 मालवीय नगर, भोपाल-462 003

विक्रय एवं विपणन कार्यालय

• 7/ 32, अंसारी रोड, दरियागंज, नई दिल्ली-110 002

वेबसाइट : www.manjulindia.com

वितरण केन्द्र

अहमदाबाद, बेंगलुरू, भोपाल, कोलकाता, चेन्नई,
हैदराबाद, मुम्बई, नई दिल्ली, पुणे

यह हिन्दी संस्करण 2016 में पहली बार प्रकाशित
द्वितीय आवृत्ति 2020

ISBN 978-81-8322-692-9

मुद्रण व जिल्दसाज़ी : मणिपाल टेक्नोलॉजीज़ लिमिटेड, मणिपाल

इस पुस्तक के लेखक होने की नैतिक ज़िम्मेदारी पं. विजयशंकर मेहता की है।

लेखक-परिचय

- 20 वर्षों तक रंगकर्म तथा पत्रकारिता के बाद पिछले 10 वर्षों से विभिन्न आध्यात्मिक विषयों पर व्याख्यान का लोकप्रिय सिलसिला।
- जीवन से जोड़ते हुए नई दृष्टि से *श्रीमद् भागवत महापुराण कथा*, श्रीराम कथा पर देश और दुनिया में व्याख्यान।
- लगभग 70 विषयों पर विचारोत्तेजक व्याख्यान-श्रृंखला।
- देश के ख्यात हिंदी अख़बार *दैनिक भास्कर* के 'जीने की राह' कॉलम के लेखक के रूप में लोकप्रिय।
- युवाओं के बीच 'मेरा प्रबंधक मैं' जैसे विचार के लिए लगातार आमंत्रित।
- *94.3 माय एफ़ एम* रेडियो के सभी केन्द्रों से प्रतिदिन सुबह जीवन-प्रबंधन पर विचार व्यक्त करते हुए सुने जा सकते हैं।
- जीवन-प्रबंधन समूह के पाँच उद्देश्यों को लेकर हर वर्ग के बीच जा रहे हैं :

  हनुमान चालीसा मंत्र बने, हनुमानजी माताओं-बहनों के जीवन में उतरें, हनुमानजी युवाओं के रोल मॉडल बनें, पूजा-पाठ से पाखंड हटे, परिवार बचाओ अभियान।

सफल तो होना ही है, पर शांत और प्रसन्न रहें...

एक सुझाव, एक माँग...

ज़रा मुस्कराइए...

प्रबंधन के इस युग में सफल से सफल व्यक्ति भी आंतरिक शक्ति के मामले में असफल हो जाता है। बाहर से प्रसन्न, प्रतिष्ठित और प्रगतिशील दिख रहे चेहरे भीतर से बहुत उदास हैं। जिसको भीतर से स्पर्श करो वही बुझा-बुझा सा, परेशान सा लगता है। यहाँ आकर आधुनिक प्रबंधन में भी अध्यात्म की आवश्यकता होती है। अध्यात्म का सीधा सरल अर्थ है आत्म के पास स्थित होना।

मैं देश और दुनिया में अपने प्रवचन और व्याख्यान के लिए घूम रहा हूँ। मुझे कई लोग मिलते हैं, अपनी अनेक समस्याओं के साथ। मैं उनके प्रश्न एकत्रित कर लेता हूँ और भारत के ख्यात समाचार-पत्र *दैनिक भास्कर* में प्रकाशित हो रहे *'जीने की राह'* कॉलम में उन्हीं प्रश्नों के उत्तर लिख देता हूँ। यह पुस्तक उन हज़ारों उत्तरों में से पंक्तियों को समेटकर तैयार की गई है।

यदि आप गहराई और आत्मीयता से देखेंगे तो हर पृष्ठ एक आईना बन जाएगा, क्योंकि किसी एक का सवाल अनेक लोगों का जवाब बन गया है।

- पं. विजयशंकर मेहता
(जीवन प्रबंधन गुरु)
28, महेश विहार, महामृत्युंजय द्वार के पास,
इंदौर रोड, उज्जैन (म.प्र.)
मोबाइल नं. 094251-95895

1

क़दम उठे कि समझो मंज़िल का फ़ासला समाप्त हो गया

दुनिया में परिवार के साथ रहते हुए जब कभी हम जीने के एक ढंग से ऊब जाते हैं तो दूसरी जीवनचर्या में प्रवेश कर जाते हैं। चेंज के चक्कर में मनुष्य चकरघिन्नी हो जाता है। जीने का एक तरीक़ा यह भी अपनाया जा सकता है। उसे देखकर जियें जो सबको देख रहा है। इसे सीधी भाषा में कह सकते हैं कि भक्त बन जाएँ और अपने पुरुषार्थ, आत्मविश्वास को भगवान के भरोसे छोड़ दें। हालाँकि इसका यह मतलब भी नहीं कि हम परिवार से, जीवनसाथी या बच्चों से विमुख हो जाएँ। परिवार संचालन हमारी प्राथमिकता है और होना भी चाहिए। फिर भी परिश्रम अपना हो, परिणाम उसका रहे। इसका सीधा सा अर्थ है कि श्रम हम करें और फल परमात्मा पर छोड़ दें।

अध्यात्म में इसे ही निष्कामता कहा गया है। ऐसा सुनकर लोगों को लगता है कि यह तो बड़ी अकर्मण्यता हो जाएगी। भारतीय संस्कृति और हिंदू धर्म को लेकर वैसे भी लोग कहते हैं कि सब भगवान भरोसे, भाग्य भरोसे चलता है। परंतु धर्म ने ऐसा कभी नहीं कहा, भगवान ने भी यह नहीं कहा कि मेरा पूजन करने वाला अकर्मण्य होकर बैठ जाए।

भक्त का अपना कर्मयोग होता है। भक्ति जीवन में उतरते ही प्रत्येक कृत्य, हर बात के अर्थ ही बदल जाते हैं। जैन साहित्य में

महावीर स्वामी के दो वाक्य बहुत ही अद्‌भुत रूप से व्यक्त हुए हैं। एक बार उन्होंने कहा कि यदि आपने बिछाने के लिए दरी खोली, खोलनी शुरू ही की, तो समझ लो दरी खुल गई। यदि शुरू ही किया तो समझें काम पूरा हो गया। दूसरी बात कही थी यदि चल दिए तो समझ लो पहुँच गए। भगवान की यात्रा में क़दम उठाना ही काफ़ी है। उसकी ओर कुछ क़दम चले कि समझो मार्ग और मंज़िल का फ़ासला ख़त्म हो जाएगा।

परिवार संचालन हमारी प्राथमिकता है और होना भी चाहिए। फिर भी परिश्रम अपना हो, परिणाम ईश्वर पर छोड़ दें। इसका सीधा सा अर्थ है श्रम तो हम करें ही, लेकिन फल में आसक्ति न हो। यह परमात्मा का विषय है। कर्म के अनुसार फल तो मिलना ही है।

2

बिना शीलवान बने गृहस्थी में प्रवेश नहीं करें

सुगंध के प्रति सबका आकर्षण होता है फिर मनुष्य जीवन तो अपने आप में एक महक है। उसमें दुर्गंध के झोंके तो बाद में हम प्रवेश कराते हैं। गौतम बुद्ध कह गए हैं कि संसार की सारी सुगंधों में श्रेष्ठ है शील की सुगंध। यह तब ही होगी जब हम शीलवान होंगे। चरित्रवान और शीलवान होने में फ़र्क़ है। शंकरजी के जीवन के एक प्रसंग में प्रवेश करें तो बात सरलता से समझ में आएगी। पार्वतीजी से विवाह करने हेतु शंकरजी दूल्हा बने थे और बारात जाने के लिए तैयार थी। दृश्य विचित्र था। भूत-प्रेत, विचित्र आकृतियों के गण बाराती के रूप में थे। इस दृश्य को देख देवताओं की पत्नियों ने व्यंग्य कस दिया था। ताने से गुज़रने के बाद शिवजी पार्वती के पिता हिमालय के द्वार पर खड़े थे। पार्वतीजी की माँ मैना ने दूल्हे को देख दुख और कोप प्रकट कर शिवजी का घोर अपमान कर डाला। *जो फलु चहिअ सुरतरूहिं, सो बरबस बबूरहिं लागा।* जो फल कल्पवृक्ष में लगना चाहिए, वह ज़बर्दस्ती बबूल में लग रहा है। यानी पार्वतीजी के योग्य शंकरजी नहीं हैं। मैना के इस रोष और उपहास भरी टिप्पणी के बाद दूल्हा बने शिव आपकी प्रसन्नता और विनम्रता नहीं छोड़ते हैं। यहीं से शिव के शील के दर्शन होते हैं। धैर्य और निरंहकारिता शील के आभूषण हैं।

ऐसी स्थिति कभी-कभी हमारी गृहस्थी में भी बन जाती है। ध्यान रखें चरित्र हमारे द्वारा खोदे गए कूप के जल के समान है और

शील ईश्वर द्वारा उतारी गई गंगा है। शंकरजी ने अपने दांपत्य के आरंभ के दृश्य में यह संकेत दे दिया कि बिना शीलवान बने यदि गृहस्थी में प्रवेश करोगे तो अशांति की संभावना बनाओगे।

चरित्रवान और शीलवान होने में फ़र्क़ है। चरित्र हमारे द्वारा खोदे गए कूप के जल के समान है और शील ईश्वर द्वारा उतारी गई गंगा है। संसार की सारी सुगंधों में श्रेष्ठ है शील की सुगंध। यह तब ही होगी जब हम शीलवान होंगे।

3

ईश्वर के नियम को समझने के लिए आध्यात्मिक समझ ज़रूरी है

संसार में रहते हुए हम लोग राष्ट्र, समाज तथा परिवार की व्यवस्था बनाते हैं और फिर स्वयं इस सिस्टम को तोड़ते भी हैं। इसी जोड़-तोड़ में ज़िंदगी बीत जाती है। जब अपने ही बनाए संसार से परेशान हो जाते हैं तो भक्ति के मार्ग में उतर जाते हैं और भक्ति के इस संसार में हम अपनी इच्छा के अनुसार भगवान से माँग शुरू कर देते हैं। इस प्रकार हम ईश्वर की व्यवस्था में अपनी व्यवस्था का अतिक्रमण करते हैं। परमात्मा के साफ़-सुथरे, हरे-भरे कृपा के क्षेत्र में हम अपनी निजी हित की माँगों की झुग्गी-झोपड़ी, ठेले, गुमठी, भवन अट्टालिकाओं के अतिक्रमण को बीच में ले आते हैं।

भगवान के विधान को लेकर हम कुछ भ्रम पाल लेते हैं। भगवान जितना नियंता है उतना ही नियमबद्ध भी है। पृथ्वी का एक नियम है कि इसमें गुरुत्वाकर्षण शक्ति होती है। जब कोई वस्तु ऊपर से नीचे गिरती है तब पृथ्वी उसे खींचती है और इसी कारण से वह वस्तु पृथ्वी पर गिर जाती है।

यह एक सामान्य सा नियम है, लेकिन हम अगर चल रहे हों तथा हमारी ही भूल से यदि ठोकर लग जाए और हम गिर जाएँ तो यहाँ हम यह नहीं कह सकते कि यह तो पृथ्वी के गुरुत्वाकर्षण का नियम है, इसलिए गिर गए। हम अपनी ही भूल से गिरे हैं, पृथ्वी का

नियम अपनी जगह है।

इस प्रकार भगवान ने सारी व्यवस्था कर रखी है। उन्होंने अपने कुछ नियम बना रखे हैं परंतु धर्म तथा संस्कृति की जो आचार संहिता है, उसका पालन हमें करना होगा। परमात्मा के नियम अपनी जगह हैं। उनको समझने के लिए एक आध्यात्मिक समझ होना ज़रूरी है। इसी समझ को कहीं-कहीं समाधि भी कहा गया। ऊहापोह और भ्रम के विचारों का वेग जब शांत हो जाए तब समझ या समाधि घटती है।

परमात्मा की व्यवस्था में जब जीने लगो तो समझ है और उसके अंग ही बन जाओ तो समाधि है। निर्विरोध और निर्विकल्प होकर ही ईश्वर के नियम का पालन किया जा सकता है। यह सीख परिवार प्रबंधन में भी महत्त्वपूर्ण है।

अपनी भूल का दोष दूसरों पर नहीं मढ़ सकते। पृथ्वी का एक नियम है कि जब कोई वस्तु ऊपर से नीचे गिरती है तब पृथ्वी उसे खींचती है और इसी कारण से वह वस्तु पृथ्वी पर गिर जाती है। लेकिन हम चल रहे हों और हमारी ही भूल से यदि ठोकर खाकर गिर जाएँ तो यहाँ यह नहीं कह सकते कि यह तो पृथ्वी के गुरुत्वाकर्षण का नियम है, इसलिए गिर गए। हमें स्वीकारना होगा कि हम अपनी ही भूल से गिरे हैं।

4

सुख की भी अपनी पीड़ा होती है और पीड़ा का भी सुख होता है

दुख कोई नहीं चाहता इसीलिए सुख के पीछे हर कोई भागता है। दुख मिलता है तो पीड़ा होती है लेकिन सुख मिलने पर सुकून मिल ही जाए यह भी ज़रूरी नहीं। सुख की भी अपनी पीड़ा होती है और अध्यात्म समझाता है कि पीड़ा का भी अपना सुख होता है।

महाभारत के एक पात्र को समझा जाए जिनका नाम है भीष्म। इनका सारा जीवन सुख की पीड़ा और पीड़ा के सुख के बीच में बीता। दोनों ही स्थितियों में इस व्यक्ति ने भगवान की भक्ति नहीं छोड़ी। ऊपर से भीष्म जितने सांसारिक दिखते थे भीतर से उतने ही आध्यात्मिक थे। वे राजगद्दी से जुड़े हुए नजर आते थे लेकिन उनकी दृष्टि परम पद पर टिकी हुई थी। स्वयं राजा थे, कई राजाओं को बनाने और बिगाड़ने वाले थे। वे यह जानते थे कि - वो एक शख़्स जो तुझसे पहले तख़्तनशीं था, उसको भी अपने ख़ुदा होने का उतना ही यकीन था।

न तख़्त रहते हैं न ताज। बड़े-बड़े राजा आम आदमी की तरह दुनिया से चले जाते हैं। भीष्म का अपना बड़ा परिवार, कुनबा या कुटुंब था, सारे सुख थे उनके पास पर उतनी ही पीड़ा भी थी। वे दुर्योधन को नियंत्रण में नहीं रख पाए। कुरुवंश की नई पीढ़ी उन्हीं के सामने अमर्यादित हो गई। यह सुख की पीड़ा है। इसी में से

उन्होंने पीड़ा का सुख भी उठाया। यह दृश्य आज भी कुछ परिवारों का हो सकता है लेकिन भीष्म ने हमें अपने चरित्र से बताया है कि मनुष्य छिपा हुआ परमात्मा है। एक तरह से परमात्मा का बीज है मनुष्य। परमात्मा खिला हुआ रूप है और मनुष्य अधखिला परमात्मा।

हर एक के भीतर परमात्मा है बस 'मैं' का भाव हटाओ कि ईश्वर प्रकट हो जाएगा। सुख की पीड़ा तो उन्होंने बहुत देखी थी। जब अंतिम समय वे शरशैया पर थे तो उनकी मृत्यु की गवाही देने श्रीकृष्ण स्वयं उपस्थित हुए थे। यह पीड़ा का सुख था। किसी भी परिवार के मुखिया के लिए भीष्म का जीवन अपने आप में एक सबक़ है, एक शिक्षा है, एक प्रबंधन है। चाहें तो हम भी इस सुख को उठा सकते हैं। बस इतना कीजिए, ज़रा मुस्कराइए...।

जीवन में सुख की भी पीड़ा होती है और पीड़ा का भी सुख होता है। महाभारत के प्रमुख पात्र भीष्म जब अंतिम समय में शरशैया पर थे तो उनकी मृत्यु की गवाही देने श्रीकृष्ण स्वयं उपस्थित हुए थे। यह पीड़ा का सुख था। किसी भी परिवार के मुखिया के लिए भीष्म का जीवन अपने आप में एक सबक़ है, एक शिक्षा है, एक प्रबंधन है।

5

अपने मूल पर टिके रहें, जड़ों से नहीं कटें

हर मनुष्य के दो जन्म हुए हैं, एक शरीर के तल पर दूसरा आत्मा के तल पर। हमने जन्म देने वाली स्त्री को माँ और जिस धरती के खंड पर जन्म लिया गया उसे मातृभूमि कहा है। अपने मूल पर टिके रहना, अपनी जड़ों से न कटना यह एक नैतिक दायित्व, मूल्य है। वर्षों में सब कुछ बदल जाता है मूल्य नहीं बदलते। मातृभूमि के साथ-साथ आपका परिवार भी आपकी जड़ें हैं, आपकी पहचान है इसलिए प्रेमपूर्वक उससे जुड़े रहें।

अपनी मातृभूमि से प्रेम करने के भाव का अर्थ है जहाँ हमारा जन्म हुआ उससे जुड़े रहना। आध्यात्मिक भाषा में यूँ कहा जाए कि आत्मा के तल पर जन्म हुआ है तो आत्मा से जुड़े रहें, अपने भीतर उतरें, थोड़ा स्वयं के निकट बैठें। सारी दुनिया घूमें परंतु अपनी मातृभूमि, अपने परिवार को नहीं भूलें। वैसे ही शरीर पर टिकें। संसार में घूमें पर अपनी आत्मा को विस्मृत नहीं करें।

अमीर खुसरो ने फ़ारसी में *नुह सिपिहर* नामक मस्नवी में लिखा है कि हिंदुस्तान मेरी मातृभूमि है। इसलिए इससे मुझे बहुत प्रेम है। हज़रत पैगंबर ने भी फ़रमाया है देशप्रेम धार्मिक निष्ठा का ही अंग है। अमीर ख़ुसरो तो यहाँ तक लिख गए कि दिल्ली हज़रते देहली है। देहली की ख़ूबसूरती यदि मक्का शरीफ़ सुन ले तो वह भी आदरपूर्वक हिंदुस्तान की तरफ अपना रुख़ मोड़ ले। इस्लामी दीन में मक्का

शरीफ़ का रुतबा दुनिया जानती है। इसकी तुलना दिल्ली से करने की हिम्मत अमीर ख़ुसरो ने इसलिए की थी कि वे मातृभूमि के प्रेम को दर्शाना चाहते थे।

भारत में इस्लाम की नींव मोहम्मद ग़ौरी ने डाली थी। कई मुसलमान शासकों ने भारत के सांस्कृतिक, धार्मिक दृश्य को तहस-नहस किया तो कई मुस्लिम बादशाहों ने इसे सँवारा भी। इसीलिए बहुत कुछ गुज़र जाता है पर जो रह जाता है वह है मूल्य। ख़ुसरो जैसे लोग उन्हीं मूल्यों पर अपनी कलम चलाते हैं। मातृभूमि से प्रेम का एक ऐसा भी अर्थ है कि अपने भीतर उतरो यहीं ख़ुदा है, ईश्वर है और वह सब कुछ है जैसा हम होना चाहते हैं।

सब कुछ बदल जाता है, मूल्य नहीं बदलते। संसार में बहुत कुछ गज़र जाता है पर मूल्य रह जाते हैं। अपने मूल पर टिके रहना, जड़ों से नहीं कटना यह एक नैतिक दायित्व, मूल्य है। हमारा परिवार भी हमारी जड़ें हैं, हमारी पहचान है। इसलिए उससे हमेशा जुड़े रहें।

6

धर्म के विरुद्ध संघर्ष यानी संसार के विरुद्ध संघर्ष

धर्म क्या है इसको लेकर सदैव बहस होती रहती है। कार्ल मार्क्स का यह संवाद बहुत लोकप्रिय है कि धर्म जनता के लिए अफ़ीम यानी नशा है। मार्क्स ने इस सवाल को बहुत पहले उठाया था कि धर्म से उत्पन्न रिक्तता को कैसे भरा जाए। मनुष्य धर्म की रचना करता है या धर्म मनुष्य की रचना करता है, यह बहस का एक पुराना मुद्दा है। किसी ने धर्म को मनुष्य की स्वचेतना कहा है, स्वप्रतिष्ठा माना है, भटके हुए लोगों के लिए सद्मार्ग माना है।

मनुष्य रहता है राज्य और समाज में। जीता है किसी धर्म में और कई बार धर्म और राज्य-समाज एक-दूसरे के लिए उल्टे नजर आते हैं। वे एक-दूसरे को शीर्षासन करते हुए देखते हैं लेकिन तमाम प्रगतियों के बाद अब यह तय हो गया है कि धर्म के विरुद्ध संघर्ष का मतलब है संसार के विरुद्ध संघर्ष। संसार में अध्यात्म की जो सुगंध होती है उस तक पहुंचने के लिए धर्म एक साफ़-सुथरी पगडंडी है।

धर्म को संसार में उलझाएँ तो अनेक विवाद हैं लेकिन अध्यात्म से जोड़ें तो उससे भी अधिक समाधान हैं। जैसे : अध्यात्म से जुड़कर धर्म कहता है मनुष्य के विकास की चार सीढ़ियाँ हैं और धर्म ने इन्हें आश्रम का नाम दिया है- ब्रह्मचर्य, गृहस्थ, वानप्रस्थ और संन्यास

आश्रम। ब्रह्मचर्य आश्रम ज्ञान की उपासना को बताता है। गृहस्थाश्रम में प्रेम, सहयोग और त्याग के प्रयोग किए जाते हैं, वानप्रस्थ में परिवार की मर्यादित आसक्ति को छोड़कर सेवा की जाए इसका आग्रह होता है तथा संन्यास आश्रम का अर्थ है निर्माण। एक ऐसा जीवन जो सिर्फ़ परमात्मा के लिए होगा। देखा जाए तो इन चारों ही आश्रमों का केंद्र परिवार तथा उसका प्रबंधन होता है।

संन्यास भारतीय संस्कृति का मौलिक शब्द है। इसलिए धर्म को अध्यात्म से जोड़कर ख़ूब लाभ उठाया जा सकता है और संसार में उलझा कर हानि भी प्राप्त की जा सकती है।

धर्म के महत्व को नकारा नहीं जा सकता। संसार में अध्यात्म की सुगंध तक पहुँचने के लिए धर्म एक साफ़-सुथरा मार्ग है। धर्म के विरुद्ध संघर्ष का मतलब है संसार के विरुद्ध संघर्ष। धर्म को संसार में उलझाएँ तो कई विवाद हैं लेकिन अध्यात्म से जोड़ें तो उससे भी अधिक समाधान हैं।

7

हार की संभावना से बचाती है परिवार की ताक़त

काम नहीं करने के सबके पास अपने-अपने बहाने होते हैं। एक बार मैंने एक महीने के लिए एक प्रयोग किया। जब भी मैं किसी से मिलता था और मुझे लगता था कि ये बहाने बना रहे हैं तो मैं नोट कर लेता था। एक माह बाद मैंने हिसाब लगाया था कि कितने क़िस्म के बहाने लोग बनाते हैं।

सबसे अधिक बहानों में था परिवार। उसके बाद समय और उसके बाद स्वास्थ्य। इन्हीं तीनों की आड़ में लोग अपने निकम्मेपन को छिपाते हैं। कई लोगों का तो मानना है कि भौतिक प्रगति में परिवार एक बाधा है। अब तो परिवार इतने सिमट गए हैं कि लोग छोटे परिवार को भी बाधा मानते हैं और संयुक्त परिवारों को भी दोष देते हैं। कई लोग अपने पारिवारिक दायित्व के कारण आगे नहीं बढ़ पाते, लेकिन इसका यह मतलब नहीं है कि परिवार को दोषी बताया जाए। परिवार को केंद्र में रखकर अपनी प्रगति के क्षेत्र बदले जा सकते हैं।

जैसे देखा जाता है कि बूढ़े माता-पिता या अन्य भाई-बहनों की ज़िम्मेदारी होने पर कुछ लोग अपने नगर से बाहर नहीं जा पाते और फिर जीवनभर मन ही मन दुखी होते रहते हैं, लेकिन ऐसे भी लोग देखे गए हैं जिन्होंने ज़िम्मेदारियाँ पूरी निभाईं और अपने कॅरियर में आगे भी बढ़े। दरअसल, परिवार को ताक़त मानने के लिए परिवार में रहने का

तरीक़ा थोड़ा बदलना होगा।

परिवार कमज़ोर बनता है जब सदस्यों में अहंकार आ जाता है। एक मनोवैज्ञानिक तथ्य है कि हर मनुष्य में कुछ हिस्सा पशुओं का होता है और कभी-कभी वह वैसा आचरण करता भी है। पशु तुल्य होना एक दोष है, लेकिन पशुओं की एक ख़ूबी है कि उनमें 'मैं' नहीं होता। घर में रहते हुए हम इस 'मैं' विहीन पशु-भाव को बनाए रखें। हमारा यह जंगलीपन परिवार को हमारी ताक़त बना देगा। जिसके साथ परिवार की ताक़त है उसके हारने की संभावना सदैव कम रहेगी।

कई लोग पारिवारिक दायित्व के कारण आगे नहीं बढ़ पाते, लेकिन इसका यह मतलब नहीं कि परिवार को दोषी बताया जाए। परिवार को केंद्र में रखकर अपनी प्रगति के क्षेत्र बदले जा सकते हैं।

8

भौंरे से सीखें कैसे जिया जाए जीवन

देश हो, समाज हो या फिर परिवार की ही बात क्यों न हो, असली त्याग तब होता है जब आप ये जान लेते हैं कि हमारा कुछ भी नहीं है। मनुष्य जब इस भाव से जुड़ता है तब त्याग घटता है। लोग संसार छोड़ने की बात करते हैं लेकिन गहराई में देखा जाए तो संसार हमारा है ही कहाँ जिसे हम छोड़ेंगे। यदि इसे समझ लेंगे तो संसार में रहने का मज़ा ही बदल जाएगा।

गौतम बुद्ध ने एक बड़ी सुंदर बात कही है – जिस प्रकार भंवरा फूल और उसकी गंध को नुक़सान पहुँचाए बिना उसका रस ले लेता है वैसे ही हमारे मुनिगण गाँव में भिक्षाटन करें। बात बहुत बढ़िया है। वास्तव में जैसे भँवरा बिना कोई नुक़सान किए रस लेकर चल देता है वैसे ही हम ज़िंदगी को बिना कोई हानि पहुँचाए जीवन को जी लें। यह अहिंसा का उदाहरण है।

हम रस तो ले सकते हैं पर किसी को नुक़सान पहुँचाने के अधिकारी नहीं हैं। अहिंसा का ऐसा भाव जीवन में आते ही अशांति चली जाएगी। बुद्ध समझा रहे हैं जीवन हमें जो भी रस दे उसको ले लिया जाए और धन्यवाद दे दिया जाए। कहीं ऐसे भँवरे न बन जाएँ जो रस चूसने में इतने मशगूल हो जाते हैं कि उड़ना ही भूल जाते हैं और शाम को जब कमल के फूल की पंखुड़ियाँ बंद हो जाती है तो उसी में क़ैद हो जाते हैं। बस दुनिया में यही हमारी ज़िंदगी का उसूल

हो जाए। यह दुनिया हमारे लिए कारागृह नहीं बन जाए। रस लें आभार दें और बिना किसी को कोई नुक़सान पहुँचाए मुक्त हो जाएँ। मामला राष्ट्र का हो, समाज का या परिवार का, हम भँवरे की तरह फूल को बिना नुक़सान पहुँचाए इनसे मिलने वाले आनंद की रसानुभूति कर सकते हैं।

जीवन को भौंरे से जोड़कर देखा जाए। समझदारी इसी में है कि जीवन का खूब रस लें और बिना किसी को कोई नुक़सान पहुँचाए मुक्त हो जाएँ। जिस प्रकार भौंरा फूल को बिना कोई नुक़सान पहुँचाए रस लेकर चल देता है वैसे ही हम भी ज़िंदगी को बिना कोई हानि पहुँचाए जीवन को जी लें। यही सबसे बड़ी अहिंसा है।

9

सहयोगी पर भरोसा रख निर्णय लेने की स्वतंत्रता दीजिए

जीवन या परिवार प्रबंधन का यह महत्त्वपूर्ण तथ्य है कि अपने सहयोगियों, मित्रों, या रिश्तेदारों पर भरोसा करते हुए जब उन्हें कोई कार्य करने की स्वतंत्रता दी जाती है तो परिणाम निश्चित ही अच्छे मिलते हैं। जब श्रीराम ने सुग्रीव पर सीताजी की खोज की जिम्मेदारी सौंपी थी तब सुग्रीव को प्रत्येक निर्णय लेने के लिए स्वतंत्र छोड़ा था और शब्द कहे थे - *अब सोइ जतनु करहु मन लाई, जेहि बिधि सीता कै सुधि पाई॥* अब मन लगाकर वही उपाय करो जिससे सीता की ख़बर मिल सके।

सुग्रीव ने अपने स्वतंत्र निर्णय से चार खोजी दल बनाए थे। सबसे योग्य दल में नील, अंगद, जामवंत और हनुमानजी थे, उन्हें दक्षिण दिशा में भेजा था। जामवंत, हनुमानजी आदि की अगुवाई में गए दल ने लंका तो ढूँढ़ निकाली लेकिन सीता की खोज के लिए अकेले हनुमानजी को भेजा गया। जाने से पहले हनुमानजी ने जामवंत से इस बात की शिक्षा ली थी कि लंका में जाकर उन्हें करना क्या है। *जामवंत मैं पूँछउँ तोही, उचित सिखावन दीजहु मोही॥* मैं आपसे पूछता हूँ, मुझे उचित सीख देना कि मुझे क्या करना चाहिए।

जामवंत ने कहा, ''हे तात, तुम जाकर इतना ही करो कि सीताजी को देखकर लौट आओ और उनको रामजी की ख़बर कह दो।'' शेष

वानर नहीं जानते थे कि श्रीहनुमान लंका जाकर आग लगा देंगे। रावण के दरबार में बहस के बाद जब उनकी पूँछ में आग लगाई गई तब हनुमानजी ने ही संपूर्ण लंका दहन का निर्णय लिया। श्रीहनुमान को निर्णय लेने की आज़ादी देने का परिणाम यह हुआ कि श्रीराम के पहुँचने के पहले ही सारे राक्षस उनके पराक्रम का एक बड़ा झटका देख चुके थे। उन्हें अनुमान लग चुका था कि श्रीराम की सेना का एक ही योद्धा यदि लंका जला सकता है तो पूरी सेना क्या नहीं कर सकती।

अपने साथियों को निर्णय का अधिकार देकर कार्य लेने की श्रीराम की यह विशिष्ट शैली थी। श्रीराम ने अपनी इस शैली का कई बार हनुमानजी के माध्यम से सफल प्रयोग किया था और इस माध्यम से हमें भी सिखाया कि परिवार में जब किसी बड़े लक्ष्य को प्राप्त करना हो तो अपनी योग्यतानुसार सभी को निर्णय लेने का अधिकार दिया जाए।

परिवार में जब किसी बड़े लक्ष्य को प्राप्त करना हो तो योग्यतानुसार सभी को निर्णय लेने का अधिकार दिया जाए। सहयोगियों, मित्रों, या रिश्तेदारों पर भरोसा करते हुए जब उन्हें कोई कार्य करने की स्वतंत्रता दी जाती है तो परिणाम निश्चित ही अच्छे मिलते हैं।

10

भावुकता प्रतिक्रिया है तो संवेदनशीलता को दायित्व बोध मानें

किसी को भी सभी बातें जन्म से नहीं मिलती, उन्हें अर्जित करना पड़ता है। यह जितना सत्य संसार के मामले में है उतना ही अध्यात्म के मामले में भी। नाम, दाम, धन, प्रतिष्ठा, आवश्यक नहीं कि पैदाइश से ही प्राप्त हो जाए। अपने-अपने ढंग से सभी को अर्जित करना पड़ता है। ऐसे ही आध्यात्मिक संसार में एक तत्व है संवेदनशीलता जिसे साधना द्वारा प्राप्त करना पड़ता है। पारिवारिक मामले में इसका बड़ा महत्व है।

हर मनुष्य के भीतर संवेदनशीलता एक संभावना के रूप में रहती है। गौतम बुद्ध कहा करते थे कि भक्तों को संवेदना और भावुकता का अंतर समझ में आना चाहिए। माना जाता है कि भावुकता का संचालन मस्तिष्क या बुद्धि से होता है और संवेदनशीलता हृदय से संचालित होती है। भावुक रहना साधारण व्यवहार है तो संवेदनशील होना एक असाधारण आचरण जिसे अर्जित करना पड़ता है। भगवान कृष्ण के जीवन में भी अनेक ऐसे अवसर आए जब उन्होंने भावुकता और संवेदनशीलता को पृथक-पृथक स्थापित किया था।

कभी-कभी दूसरे का दुख देख हम दुखी हो जाते हैं, हो सकता है आँसू भी आ जाएँ पर यह भावुकता है। लेकिन जब आप उस दुख को गहराई से महसूस कर उसके निदान में जुट जाते हैं तब

संवेदनशीलता का आरंभ होता है। भावुकता एक प्रतिक्रिया सी बन जाती है लेकिन संवेदनशीलता दायित्वबोध होता है। ग्यारह वर्ष की आयु में श्रीकृष्ण ने जब वृंदावन छोड़ा था और पहली बार मथुरा जा रहे थे तो सारा वातावरण भावुक था। माता-पिता, गोप-ग्वाल सब विछोह में डूबे हुए थे पर श्रीकृष्ण सारे दृश्य को संवेदनशीलता से ले रहे थे।

कृष्ण का बृज छोड़ मथुरा जाने का अर्थ था - एक बड़ी ज़िम्मेदारी जिसमें व्यापक जनहित था जो मात्र ब्रजहित या ब्रजप्रेम से विशाल था। भावुकता और संवेदना की मिलीजुली प्रतिक्रिया है - ज़रा मुस्कराइए...।

पारिवारिक मामले में संवेदनशीलता का बड़ा महत्व है। हर मनुष्य के भीतर संवेदनशीलता एक संभावना के रूप में रहती है। भावुक रहना साधारण व्यवहार है तो संवेदनशील होना एक असाधारण आचरण है। जब हम किसी के दुख को गहराई से महसूस कर उसके निदान में जुट जाते हैं तब संवेदनशीलता का आरंभ होता है।

11

हमारे और परमात्मा के बीच माया को नहीं आने दें

ज़रूरत की चादर और मोह की दुशाला इन दोनों में जो फ़र्क़ है उस अंतर को समझने का अब समय आ रहा है। अध्यात्म मार्ग के लोगों को ध्यान रखना होगा कि आवश्यक वस्तुएँ तो बनाई जाएँ लेकिन उससे मोह नहीं पालें, क्योंकि मोह धीरे से लोभ में बदल जाता है और लोभ भक्ति के साथ-साथ पारिवारिक दायित्वों में भी बाधक होता है।

रामकृष्ण परमहंस कहा करते थे कि माया को सरलता से समझना हो तो श्रीरामकथा के एक दृश्य में प्रवेश किया जाए। वनवास के समय श्रीराम आगे चलते थे, मध्य में सीताजी होती थीं और उनके पीछे लक्ष्मण रहते थे। इस दृश्य पर तुलसीदासजी ने लिखा है- *आगे राम अनुज पुनि पाछें , मुनि बर बेष बने अति काछें। उभय बीच सिय सोहति कैसे, ब्रह्म जीव बीच माया जैसे।।*

अर्थात भगवान श्रीराम परमात्मा का रूप हैं, लक्ष्मणजी आत्मा या कहें जीवात्मा हैं और इन दोनों के बीच में माया स्वरूप में सीताजी हैं। सीताजी रामजी के चरणों की अनुगामी थीं। जहाँ-जहाँ श्रीराम पैर रखते थे वहीं-वहीं सीताजी चलती थीं और इसी कारण लक्ष्मणजी श्रीरामजी को ठीक से देख नहीं पाते थे। संयोग से कोई मोड़ आ जाता तो ही लक्ष्मणजी को श्रीराम दिख जाते थे।

संदेश यह है कि परमात्मा और जीवात्मा के बीच जब तक

माया है, परमात्मा दिखेंगे नहीं। किसी मोड़ पर माया ज़रा सी हटी और परमात्मा के दर्शन हुए। भक्ति में ऐसे मोड़ आते ही रहते हैं। इसलिए जीवन में माया तो रहेगी पर हमें मोड़ बनाए रखना है। यहीं हमारी भक्ति की परीक्षा होगी।

परिवार से भी प्रेम तो रखें, बहुत ज़रूरी भी है लेकिन ऐसा न हो कि उसके मोह में परमात्मा को ही भूल जाएँ। माया से पार पाने के लिए एक काम और किया जा सकता है - ज़रा मुस्कराइए, सदा मुस्कराइए...।

जीवन में किसी भी वस्तु से मोह नहीं पाला जाए। मोह धीरे से लोभ में बदल जाता है और लोभ भक्ति के साथ-साथ पारिवारिक दायित्वों में भी बाधक होता है। परिवार से भी प्रेम तो रखें लेकिन ऐसा नहीं हो कि उसके मोह में परमात्मा को ही भूल जाएँ।

12

हनुमानजी से सीखिए कहाँ बड़ा और कहाँ छोटा होना है

वर्तमान समय में आदमी यह भूल गया है कि कहाँ बड़ा होना और कहाँ छोटा होना है। समाज में कई लोग प्रतिष्ठित, मान्य और ख्यात होते हैं। काम-धाम के बाद घर आते हैं तो इसकी अकड़ और ऐंठ लेकर आ जाते हैं। यहीं से परिवार के सदस्यों से झगड़ा शुरू हो जाता है। घर में, परिवार में परस्पर समानता का व्यवहार होना चाहिए। अपनी-अपनी जगह सभी का महत्व है।

कहाँ बड़ा होना और कहाँ छोटा यह एक कला है। हमारे हनुमानजी इसमें बहुत दक्ष हैं। सुंदरकांड के एक प्रसंग से हम सीख सकते हैं। अशोक वाटिका में हनुमानजी और सीताजी की चर्चा चल रही थी। वे सीताजी को धैर्य बँधा रहे थे किंतु सीताजी का आत्मविश्वास लौट नहीं रहा था।

हनुमानजी ने कहा, ''माँ भरोसा रखें, प्रभु श्रीराम आएँगे और आपको ले जाएँगे। वैसे तो मैं आपको यहाँ से ले जा सकता हूँ किंतु श्रीराम की ऐसी आज्ञा नहीं है। वे वानरों के सहित आएँगे और राक्षसों का नाश करके आपको ले जाएँगे।'' तब सीताजी ने कहा था, ''राक्षस बहुत बलवान हैं और वानर तुम्हारी तरह छोटे-छोटे होंगे, इसलिए मुझे संदेह है।''

इतना सुनते ही हनुमानजी ने अपने शरीर को पर्वत के समान

विशाल कर दिया। देखकर सीताजी के मन में विश्वास हो गया। हनुमानजी तत्काल छोटे हो गए। उन्हें लगा कि कहीं सीताजी यह नहीं समझ लें कि मैं अपनी बड़ाई कर रहा हूँ।

अगली ही पंक्ति में हनुमानजी ने स्पष्ट किया- *सुनु माता साखामृग नहिं बल बुद्धि बिसाल, प्रभु प्रताप तें गरुड़हि खाइ परम लघु ब्याल।* यानी हे माता सुनो, वानरों में बहुत बल-बुद्धि नहीं होती परंतु प्रभु के प्रताप से बहुत छोटा सर्प भी गरुड़ को खा सकता है। इस तरह जो लोग अपनी बड़ाई, श्रेष्ठता को परमात्मा से जोड़ देते हैं उन्हें अहंकार नहीं आता और उनकी परमात्मा से नज़दीकी बढ़ जाती है।

घर-परिवार में परस्पर समानता का व्यवहार होना चाहिए। अपनी-अपनी जगह सभी का महत्व है। जीवन में कहाँ बड़ा और कहाँ छोटा होना यह एक कला है। हनुमानजी इसमें बहुत दक्ष हैं। उनको जीवन में उतारकर यह कला सीखी जा सकती है। जो लोग अपनी बड़ाई या श्रेष्ठता को परमात्मा से जोड़ देते हैं वे कहीं असफल नहीं होते।

13

निःस्वार्थ होना चाहिए भाईचारा

भाईचारा एक पवित्र दायित्व है। इसे निभाने के लिए नैतिकता की ताक़त लगती है। विभीषण ने अपने जीवन में दो भाई देखे थे - एक अपना सगा भाई रावण और दूसरे लक्ष्मण व भरत के भाई श्रीराम। यहीं उन्हें भाईचारे का अंतर समझ में आ गया था। उन्होंने अपने भाई रावण को समझाते हुए कहा था कि वह देवी सीता श्रीराम को वापस लौटा दें। भाई की बात मानना तो दूर रावण ने लात मारकर उसे लंका से ही निकाल दिया। परंतु विभीषण ने (लात खाने पर भी) बार-बार उसके चरण ही पकड़े। आख़िर में विभीषण ने श्रीराम की शरण ली।

श्रीराम ने शरणागत वत्सलता की रघुकुल रीत निभाई और विभीषण के सिर पर कृपा का हाथ रख दिया। श्रीराम के मित्र वानरराज सुग्रीव इस निर्णय से सहमत नहीं थे। उन्होंने संदेह ज़ाहिर करते हुए कहा था- *भेद हमार लेन सठ आवा, राखिअ बांधि मोहि अस भावा।* हे रघुवीर, विभीषण पर विश्वास करना ठीक नहीं है। आख़िर वह शत्रु का भाई है। संभव है हमारा भेद लेने आया हो इसलिए इसे बाँधकर रखना उचित होगा। सुग्रीव अपनी असहमति की स्पष्ट राय दे चुके थे। श्रीराम ने उनका भी मान रखने के लिए कहा था - *सखा नीति तुम्ह नेकि बिचारी, मम पन सरनागत भयहारी।* हे मित्र सुग्रीव, तुमने नीति तो अच्छी बताई है लेकिन मेरा प्रण है शरणागत के भय को दूर करने का।

इस प्रकार श्रीराम ने विभीषण को न सिर्फ़ स्वीकार किया बल्कि समुद्र से जल मंगाकर विभीषण से कहा था – *जदपि सखा तव इच्छा नाही, मोर दरसु अमोघ जग माही। अस कहि राम तिलक तेहि सारा, सुमन बृष्टि नभ भई अपारा।* हे सखा, यद्यपि तुम्हारी इच्छा नहीं है पर जग में मेरा दर्शन निष्फल नहीं जाता, ऐसा कहकर श्रीराम ने उनका राजतिलक कर दिया। श्रीराम ने बताया कि भाईचारा निःस्वार्थ होना चाहिए। निःस्वार्थ रहने का एक तरीक़ा है ज़रा मुस्कराइए...।

भाईचारा एक पवित्र दायित्व है। रामकथा में देखा जाए तो राम व रावण दोनों ही किसी न किसी के भाई थे लेकिन दोनों के भाईचारे में अंतर था। इसे निभाने के लिए नैतिकता की ताक़त लगती है।

14

ख़ुदा से प्रेम तो उसकी बनाई दुनिया से नफ़रत कैसे?

संसार में कुछ शब्द बहुत ग़लत तरीक़े से समझे गए और उन्हीं में से एक है प्रेम। इस शब्द के साथ न सिर्फ़ नादानी हुई बल्कि ख़ूब अत्याचार भी हुआ। कभी इस पर वासना का आवरण लपेटा गया तो कभी मोह की चादर बाँध दी गई। इमाम शाफ़ी नाम के मुस्लिम संत इस क़दर प्रेम में डूबे हुए थे कि उनसे छोटे, उनके हमउम्र तो उनके मुरीद थे ही लेकिन उनसे बड़ी उम्र के लोग भी उनके पीछे भागते फिरते थे।

अध्यात्म में परमात्मा के प्रति प्रेम और भय दोनों एकसाथ चलते हैं। यह अजीब सा मेलजोल है। वैसे जहाँ प्रेम है वहाँ भय नहीं होता और जहाँ भय है, वहाँ प्रेम नहीं होगा लेकिन ऊपर वाले के रिश्ते में ये दोनों एकसाथ चलते हैं।

एक बार एक ख़लीफ़ा ने ख़याल किया कि इमाम शाफ़ी से एक फ़ैसला करवाया जाए। उनकी परीक्षा भी हो जाएगी और मेरा भ्रम भी दूर होगा। ख़लीफ़ा ने सवाल किया कि इमाम यह बताएँ कि मैं ज़न्नती हूं या दोज़खी? यानी मैं स्वर्गवासी रहूँगा या नर्कवासी।

फ़क़ीर इमाम ने ख़लीफ़ा से एक सवाल पूछा, "क्या ज़िंदगी में ऐसा हुआ है कि कोई गुनाह करने के पहले अल्लाह के ख़ौफ़ के कारण आपने वह गुनाह नहीं किया?" ख़लीफ़ा ने कहा कि हाँ ऐसा मौक़ा आया है। इमाम

शाफ़ी बोले तो आप ज़न्नती हैं, स्वर्ग के हैक़दार हैं, आप स्वर्ग में ही जाएँगे।

लोगों ने सवाल किया - आपके फ़ैसले का आधार क्या है? तो फ़क़ीर ने कहा कि कुरआन में आयत आई है जिसका मतलब है कि जिस शख़्स ने गुनाह का कस्द (विचार) किया और फिर खौफ़े-इलाही (प्रभु-भय) की वजह से गुनाह करने से दूर रहा तो उसका घर ज़न्नत है।

इसलिए उस परमपिता के प्रति हमारे भीतर ऐसा प्रेम होना चाहिए जो विस्तारित होकर सारी दुनिया के लिए फैल जाए। जो ख़ुदा से प्रेम करे वह उसकी बनाई हुई दुनिया से नफ़रत कैसे कर सकता है।

अध्यात्म में प्रेम और भय का अजीब सा मेलजोल है। यहाँ परमात्मा के प्रति प्रेम और भय दोनों एक साथ चलते हैं। वैसे तो जहाँ प्रेम हो वहाँ भय नहीं हो सकता और जहाँ भय है वहाँ प्रेम नहीं होगा लेकिन ईश्वर के रिश्ते में ये दोनों एक साथ चलते हैं।

15

परिवार बचाना हो तो प्रेम ज़रूर बचाएँ

एक सवाल उठता है कि परिवार क्यों अशांत हो जाता है। दरअसल, परिवार बनता है अनेक सदस्यों से। पति-पत्नी, पिता-पुत्र, माँ-बेटी सबमें अपना-अपना अहंकार और अपनी-अपनी कामनाएँ होती हैं। कम या अधिक हो सकती हैं पर होती ज़रूर हैं। देखा जाए तो प्रेम ही परिवार का आधार है। परिवार में जितना अधिक प्रेम होगा उतनी अधिक शांति और स्वर्ग की अनुभूति होगी। परिवार के प्रेम को ठिकाने लगाने के लिए अहंकार और स्वार्थ कैंची की तरह काम करते हैं।

अहंकार के कारण परिवार के सदस्य एक-दूसरे पर अपना अधिकार जमाने का प्रयास करते हैं और स्वार्थ के कारण हर सदस्य अपने हित व सुख की बात सोचने लगता है। ऐसे में सदस्यों के बीच जो पारिवारिक राग होता है वह द्वेष में बदलने लगता है और प्रेम बैर का रूप ले लेता है। देखा गया है कि मतभेद की शुरुआत हँसी-मज़ाक के साथ टीका-टिप्पणी से शुरू होती है और यहीं से अंतरमन में दरारें पड़नी शुरू हो जाती हैं।

व्यक्तिगत टिप्पणियाँ व्यक्तियों के बीच दूरी बढ़ाती है। इस दौर में द्वेष को प्रवेश की जगह मिल जाती है। परिवार में अधिकांश संबंध राग से शुरू होते हैं जिन्हें लोग प्रेम कहते हैं किंतु यह विशुद्ध प्रेम नहीं होता, सिर्फ राग होता है। राग धीरे-धीरे द्वेष में बदलता है और

इसमें अहंकार की बड़ी भूमिका रहती है।

अहंकारी के मन का स्वभाव होता है कि वह अपने मनपसंद काम कराने के लिए दूसरों को बाध्य करता है। ठीक यही बात दूसरे सदस्य के मन में भी होती है। यदि इसका उल्टा हो, मन में प्रेम, सेवा अपनेपन की भावना हो तो सामने वाले में भी वैसी भावना जागने लगती है। मन संक्रमण करता है। इसीलिए परिवार बचाना हो तो प्रेम बचाएँ और प्रेम को अहंकार तथा राग से बचाएँ।

प्रेम परिवार का आधार होता है। वहाँ जितना अधिक प्रेम होगा उतनी अधिक शांति की संभावना होती है। अहंकार और स्वार्थ की कैंची इस प्रेम को काटने का काम करती है। जब किसी परिवार में ये दोनों चीज़ें प्रवेश कर जाती हैं तो प्रेम का स्थान राग-द्वेष ले लेते हैं।

16

पीड़ा को विस्मृत करें, सृजन के संकल्प को स्मृति में रखें

दुर्घटनाएँ सभी की ज़िंदगी में होती रहती हैं। आदमी बड़ा हो या छोटा, जीवन में कभी न कभी हादसों से गुज़रना ही पड़ता है। सभी महान व्यक्ति जीवन में विपरीत हालात का सामना कर चुके हैं लेकिन यदि दृष्टि आध्यात्मिक हो तो हादसे से हुए विनाश में भी सृजन किया जा सकता है। सृजन की यही वृत्ति हमें दुख, पीड़ा, कष्ट, परेशानी और निराशा से उबार लेगी।

श्रीराम ने सीता अपहरण जैसे विपरीत हालात देखे थे तो श्रीकृष्ण ने अपने बचपन में दुर्घटनाओं की लंबी श्रंखला देखी थी। वृंदावन के वन में आग लग जाना, पिता नंदबाबा पर राक्षसों के आक्रमण आदि। महावीर ने अपनों से दुर्घटनाएँ झेलीं तो मोहम्मद ने इस्लाम को हादसों के बीच गुज़ारकर सलामत स्थापित किया था। कौन बचा है कुदरत की मार से।

हादसे तो होते ही हैं, सवाल है कि उनका सामना कैसे किया जाए। भागवत में कहा है याद करने पर बीता हुआ सुख भी दुख देता है तो फिर दुख तो दुख देगा ही। जीवन में हुई दुर्घटनाओं के बाद उसकी पीड़ा को जितनी जल्दी विस्मृत कर देंगे उतनी ही शीघ्रता से नया सृजन कर पाएँगे। इसलिए पीड़ा को विस्मृत करें और सृजन के संकल्प को स्मृति में रखें।

राम-कृष्ण से लेकर अब तक जितने भी महान लोग हुए हैं उन्होंने जीवन के विपरीत हालात में पीड़ा को भी सुख में बदलने की कला सिखाई। अध्यात्म ने कहा है अपने साक्षी हो जाओ। इसी साक्षी भाव को जागरण,ध्यान, मुक्ति कहा गया है। जो भीरू होते हैं वे भगवान को उपलब्ध नहीं होते। भगवान ने कहा, ''मैंने जो जीवन दिया है उसे विपरीत परिस्थितियों में आपने कैसे गुज़ारा, मैं उसका भी हिसाब रखता हूँ।''

इसलिए जब संकट आए तो बाहर की व्यवस्थाएँ तो हमें अपने कर्म से जुटानी हैं लेकिन अंतरमन की व्यवस्थाओं को अध्यात्म से सुनियोजित करना है। परिणामतः भीतर से हम शांत होंगे और बाहर बेहतर नवसृजन कर पाएँगे।

जीवन में सभी को विपरीत हालात का सामना करना ही पड़ता है। छोटे-बड़े हादसे होते ही हैं। बुरी घटनाओं के बाद उनकी पीड़ा को स्मृति में नहीं रखा जाए। याद करने पर बीता हुआ सुख भी दुख देता है तो फिर दुख तो दुख देगा ही।

17

शांति का अच्छा साधन है मौन

मौन के वृक्ष पर शांति के फल लगते हैं। परिवार में मौन शांति के साथ ही स्नेह व सम्मान की भावना भी पैदा करता है। गुरु-शिष्य की ही बात की जाए तो आज भी कई गुरु दीक्षा देते समय अपने शिष्यों से कहते हैं हमारे और तुम्हारे बीच मौन घटना चाहिए। इसका सीधा सा अर्थ है कि आप अपने गुरु से कम से कम बात करें। गुरु से जितना मौन होगा, शिष्य को शांति की उपलब्धि उतनी अधिक होगी।

गौतम बुद्ध मौन पर बहुत ज़ोर देते थे। एक दिन अपने शिष्यों के बीच एक फूल लेकर बैठ गए और एक भी शब्द नहीं बोले नहीं। सारे शिष्य बेचैन हो गए। शिष्यों की माँग रहती है कि गुरु बोलें फिर हम बोलें। कई बार तो शिष्य लोग गुरु के नहीं बोलने को उनका अहंकार बता देते हैं। यह मान लेते हैं कि हमारे गुरु हमसे दूर हो गए। दरअसल, गुरु बोलकर शब्द ख़र्च नहीं करते बल्कि मौन रहकर अपने शिष्य का मन पढ़ते हैं।

बुद्ध का एक शिष्य महाकश्यप जब हँसने लगा तो बुद्ध ने वह फूल उसको दे दिया और अन्य शिष्यों से कहने लगे, ''मुझे जो कहना था मैंने इसे कह दिया, अब आप लोग इसी से पूछ लो।'' सब महाकश्यप की ओर मुड़े तो उनका जवाब था, ''जब उन्होंने कहा ही नहीं तो मैं कैसे बोलूँ।'' सारी बात आपसी समझ की है। मौन की वाणी इसी को कहते हैं। इसे मौन का हस्तांतरण भी माना गया है।

इसका यह मतलब नहीं है कि गुरु से जो ज्ञान प्राप्त हो वह मौन के नाम पर पचा लिया जाए। गुरु के मौन से शिष्य को जो बोध होता है उसे समय आने पर वाणी दी जा सकती है। पर वह वाणी तभी प्रभावशाली होगी जब गुरु और शिष्य के बीच गहरा मौन घटा हो।

यह बात परिवार पर भी लागू होती है। मौन का हस्तांतरण पति-पत्नी के बीच, बाप-बेटे, भाई-भाई के बीच भी बिल्कुल ऐसे ही हो सकता है। इससे परिवार में शांति के साथ परस्पर संबंधों में सम्मान, गरिमा व प्रेम प्रकट होगा। मौन की भाषा बोलना चाहें तो एक काम करें- ज़रा मुस्कराइए...।

परिवार में मौन का भी अपना महत्व है। यह शांति के साथ ही स्नेह व सम्मान की भावना भी पैदा करता है। रिश्ता पति-पत्नी का हो, पिता-पुत्र का हो, भाई-भाई का हो या किसी भी रूप में हो। एक-दूसरे के बीच मौन घटना ही चाहिए। इससे संबंधों की गरिमा व सम्मान बना रहता है।

18

जैसे भीतर हों वैसे ही बाहर भी दिखें, छल ईश्वर को पसंद नहीं

हमारा पहनावा भी हमें भीतर तक प्रभावित और परिवर्तित कर सकता है। क्या पहना जाए इसे लेकर कई लोग दिनभर या कहें कि हमेशा ही परेशान रहते हैं। पारिवारिक दृष्टि से मामला अलग है लेकिन यदि आध्यात्मिक दृष्टि से देखें तो बात केवल कपड़ों की नहीं की जा रही। चकाचौंध की इस दुनिया में हम एक ऐसा आवरण पहन लेते हैं जिसमें पता नहीं लग पाता कि हम भीतर से कुछ और हैं तथा बाहर से कुछ और। सबसे अच्छा ड्रेस कोड यह है कि हम जैसे भीतर हों वैसे ही बाहर रहें। छल के वस्त्र परमात्मा को भी पसंद नहीं आते।

वस्त्रों की योग्यता उसकी उपयोगिता में होती है। किस वस्त्र का किस समय कितना उपयोग किया जाए यह समझदारी कहलाती है। यह उपभोक्ता का युग है। कपड़े बनाने वाले सावधान हैं कि उपभोक्ता को कैसे कपड़े चाहिए, किन्तु पहनने वाले लापरवाह हैं। वस्त्रों के उपयोग का एक उदाहरण *रामायण* में अनसूया-सीता प्रसंग में आता है।

श्रीराम लक्ष्मण और सीता के साथ दंडकारण्य में ऋषि-मुनियों की राक्षसों से रक्षा के लिए पहुँचे। वहाँ वे ऋषि दंपति अत्रि-अनुसूया से मिलते हैं। अनुसूया वन्य-जीवन की आवश्यकताओं को समझते

हुए सीता को ऐसे वस्त्र और आभूषण भेंट करती हैं जो कभी मैले नहीं होते और जिन्हें साफ़ करने की आवश्यकता नहीं होती।

दिव्य बसन भूषन पहिराए, जो नित नूतन अमल सुहाए।
कह रिषिबधू सरस मृदु बानी, नारिधर्म कछु ब्याज बखानी।

अनुसूया ने सीता को ऐसे दिव्य वस्त्र और आभूषण पहनाए जो नित नए निर्मल और सुहावने बने रहते हैं। प्राकृत वस्त्राभूषण में तीन दोष होते हैं। वे पुराने, मलिन और शोभाहीन हो जाते हैं। ये दिव्य वस्त्र इन दोषों से रहित थे।

अयोध्या से वनगमन के लिए निकलते समय श्रीराम ने सीता को कहा था कि अपने हार आदि आभूषण गुरुपत्नी अरुंधति को दे दो। वन में सीता के लिए जो वस्त्र–आभूषण उपयोगी थे, वे ही अनसूया ने उन्हें दे दिए थे।

छल किसी भी तरह का हो, ईश्वर को इस नाम से ही नफ़रत है। दिखावे के चक्कर में कोई ऐसा आवरण न ओढ़ लें जो हमारी वास्तविक पहचान ही छुपा दे। हमेशा प्रयास यही होना चाहिए कि हम जैसे भीतर से हों वैसे ही बाहर भी दिखें।

19

जीवन का, जीवन में शांति का केंद्र है प्रेम

फ़क़ीरों की सोहबत में क्या मिलता है यह तो तय नहीं हो पाता लेकिन कुछ पाने की चाहत ज़रूर ख़त्म हो जाती है। सूफ़ियाना अंदाज़ में रहने वाले लोग दूसरों से उम्मीद छोड़ देते हैं। अपेक्षा रहित जीवन में प्रेम आसानी से जागता है। प्रेम में दूसरों को स्वयं अपने जैसा बनाने की मीठी ताक़त होती है। प्रेम की प्रतिनिधि है फ़क़ीरी।

अहमद खिज़रविया नाम के फ़कीर बहुत अच्छे लेखक भी थे। रहते तो फ़ौजियों के लिबास में थे लेकिन पूरी तरह प्रेम से लबालब थे। एक बार उनके घर चोर ने सेंध लगा दी। चोर काफ़ी देर तक ढूँढ़ता रहा लेकिन कुछ माल हाथ नहीं लगा। और कुछ मिलता भी क्या, घर तो प्रेम से भरा था। अहमद का मन भी पूरी तरह से प्रेममग्न था। चोर को वापस जाता देख उन्होंने रोका और बोले, ''हम तुम्हें मोहब्बत तो दे ही सकते हैं, बाक़ी तो घर खाली है। बैठो और बस एक काम करो, सारी रात इबादत करो।''

फ़क़ीर जानते थे कि ज़िंदगी का केन्द्र यदि ढूँढ़ना हो तो प्रेम के अलावा और कुछ नहीं हो सकता। जिनके जीवन के केन्द्र में प्रेम है, ऊपर वाला उनकी परिधि पर दरबान बनकर खड़े रहने को भी तैयार होगा। चोर ने सारी रात इबादत की। सुबह किसी अमीर भक्त ने फ़क़ीर अहमद खिज़रविया को कुछ दीनारें भेजी। फ़क़ीर ने ये दीनारें चोर को देते हुए कहा, ''ये लो, तुम्हारी इबादत के एवज़ में क़बूल

करो।''

अब चोर प्रेम की पकड़ में था। उसकी आँखों में आँसू आ गए और बोला – ''मैं उस ख़ुदा को भूल बैठा था जो एक रात की इबादत में इतना दे देता है।'' चोर ने दीनारें नहीं लीं और कह गया कि यहाँ प्रेम और पैसा दोनों मिले, पर अब जब प्रेम हासिल हो गया तो बाक़ी ख़ुद ब ख़ुद आ जाएगा।

ज़िंदगी में जब प्रेम का प्रवेश रुक जाता है तो अशांति को आने की जगह मिल ही जाती है। इसलिए ध्यान रखें, उस परमात्मा के प्रति, परिवार के प्रति और अपनी गृहस्थी में भी प्रेम जरूर बनाए रखें। शांति अपने आप प्रवेश कर जाएगी।

प्रेम परिवार की ज़रूरत है। ज़िंदगी का केन्द्र ही प्रेम है। जिनके जीवन के केन्द्र में प्रेम हो उनकी मदद ईश्वर भी करता है। जीवन में प्रेम के जाते ही अशांति प्रवेश कर जाती है। अपेक्षा रहित परिवारों में प्रेम अधिक समय तक टिका रहता है।

20

निर्णय लेते समय दूरदर्शिता ज़रूर बनाए रखें

जो लोग घर में, परिवार में या किसी व्यवस्था में उम्र में बड़े हों, शीर्ष पद पर हों उन्हें निर्णय लेने में गहराई और दूरदर्शिता बनाए रखना चाहिए। इसके परिणाम सकारात्मक होते हैं। भगवान राम के एक निर्णय से ऐसा ही संकेत मिलता है। जब विभीषण श्रीराम की शरण में आए तो रामजी ने शरणागत वत्सलता की रघुकुल रीत निभाई और विभीषण के सिर पर कृपा का हाथ रख दिया। श्रीराम के मित्र और वानरराज सुग्रीव इस निर्णय से सहमत नहीं थे। उन्होंने राय दी, "हे रघुवीर, विभीषण पर विश्वास करना ठीक नहीं। आख़िर वह हमारे शत्रु का भाई है। संभव है, हमारा भेद लेने आया हो। इसे बाँधकर रखना उचित होगा।"

सुग्रीव अपनी असहमति स्पष्ट रूप से जता चुके थे। श्रीराम ने उनका भी मान रखने के लिए कहा था, "मित्र सुग्रीव, तुमने नीति तो अच्छी बताई है लेकिन मैंने प्रण ले रखा है शरणागत के भय को दूर करने का।" श्रीराम ने विभीषण को न केवल मान्यता दी बल्कि समुद्र से जल मँगाकर उनका लंका के राजा के रूप में राज्याभिषेक भी कर दिया। यहाँ श्रीराम का निर्णय सर्वोपरि रहा।

जब जीवन सामूहिक स्थितियों में हो तब शीर्ष पुरुषों को निर्णय लेने में कई कोणों पर अपना ध्यान टिकाना पड़ता है। विभीषण से

सुग्रीव सहमत नहीं थे और लक्ष्मण, सुग्रीव तथा विभीषण दोनों से ही असहमत रहे किन्तु श्रीराम के लिए ये तीनों महत्वपूर्ण थे। इन तीनों से श्रीराम के जो संबंध थे उनमें हनुमान एक महत्वपूर्ण कड़ी थे।

हनुमानजी सेवा और प्रेम के पर्याय हैं। श्रीराम जानते थे कि उन्हें निर्णय अपनी दृष्टि से लेना है किन्तु सबको सहमत और प्रसन्न रखना है। अतः उन्होंने ऐसा ही किया भी। परिवार की दृष्टि से भी देखा जाए तो उसके प्रमुख, उसके मुखिया के लिए यह बड़ी सीख है। बड़प्पन इसी का नाम है।

विचारों की गहराई व दूरदर्शिता से लिए गए निर्णयों के परिणाम सकारात्मक होते हैं। सामूहिक परिवार होने की स्थिति में इस बात का ज़्यादा ध्यान रखना होता है। सबको सहमत और प्रसन्न रखना मुखिया के लिए एक बड़ी चुनौती होती है लेकिन बड़प्पन भी इसी में है।

21

एकांत में बढ़ जाती है परमात्मा से निकटता की संभावना

परमात्मा ने घोषणा की है कि संसार में मैंने एक, दो, तीन, चार और कहीं-कहीं इससे भी अधिक पैर वाले तथा बिना पैर वाले शरीरों का निर्माण किया है, लेकिन मुझे सबसे अधिक प्रिय मनुष्य का शरीर है। क्योंकि इसमें बुद्धि होती है और उस बुद्धि में यह संभावना होती है कि वह परमात्मा को पहचान सके। मनुष्य बुद्धि का क्या-क्या सदुपयोग कर सकता है इसका एक उदाहरण है अवधूत दत्तात्रेय और राजा यदु का संवाद।

एक बार दत्तात्रेयजी ने राजा को कहा था कि मैंने अपनी बुद्धि से कई गुरुओं का आश्रय लिया है। उन्होंने जो अलग-अलग गुरु बताए थे उसमें एक गुरु एक कुँवारी कन्या और उसकी चूड़ी को भी बताया था। बात बड़ी रोचक और गहरी है।

एक कुँवारी कन्या को विवाह हेतु देखने के लिए कुछ लोग उसके घर आते हैं। कन्या के माता-पिता कहीं बाहर गए हुए थे तो अतिथियों के सत्कार के लिए कन्या स्वयं काम में जुट गई। भोजन बनाने के लिए वह एकांत में धान कूटने लगी। उसकी कलाइयों की चूड़ियाँ आपस में टकराकर आवाज़ कर रहीं थीं। कन्या को लगा चूड़ियों की आवाज़ से अतिथि समझ जाएँगे कि यह धान कूट रही है और इसके घर में कोई काम करने वाला नहीं है जो दरिद्रता की श्रेणी

में आ जाएगा। उसने सारी चूड़ियाँ तोड़ दीं और सिर्फ़ एक चूड़ी रहने दी। अब खन-खन की वह आवाज़ बंद हो गई।

दत्तात्रेयजी कहते हैं, "मैं उस समय वहां से गुज़र रहा था। मैंने यह प्रसंग देखा तथा इससे यह शिक्षा ली कि परिवार या कहीं भी जब बहुत लोग एक साथ रहते हैं तो कलह होता ही है। दो आदमी भी होंगे तो बातचीत होकर रहेगी लेकिन जिस प्रकार अकेली चूड़ी में कोई आवाज़ नहीं हो रही थी उसी प्रकार आदमी भी अकेला होने पर शांत ही रहेगा।"

इस अकेला होने को अध्यात्म ने एकांत कहा है। आदमी जब एकांत में होगा तब वह बिल्कुल अपने साथ होगा और परमात्मा की निकटता मिलने की संभावना बन जाएगी। इसलिए परिवार में एकांत को भी साधा जाए।

परिवार में जितने अधिक लोग होते हैं, टकराव की संभावना रहती ही है। दो लोगों के बीच भी संवाद होकर ही रहेगा। आदमी जब अकेला होता है तो परमात्मा के अधिक निकट होता है। अध्यात्म में इस अकेलेपन का मतलब एकांत से है।

22

परिवार की शांति के लिए तन-मन के संतुलन को समझना होगा

जिन परिवारों के मुखिया अपने सदस्यों की भौतिक माँगों की पूर्ति को ही अपना कर्तव्य मानते हैं और उन्हें पूरी भी कर रहे हों, तो वे भविष्य के ख़तरनाक परिणामों के लिए तैयार हो जाएँ। भौतिक सुख-सुविधाओं का सीधा लेना-देना शरीर से होता है। हमारा सारा ध्यान शारीरिक ज़रूरतें पूरी करने में लग जाता है। अधिकांश घरों में इसकी पूर्ति भी हो रही है। मकान, गाड़ी, टीवी, कूलर, एसी सब कुछ अपने-अपने हिसाब से बड़ी कोठी से लेकर छोटी सी झोपड़पट्टी तक में हैं लेकिन इसके बाद भी शांति के मामले में दरिद्रता बनी ही रहती है।

दरअसल, हम इतना अधिक शरीर पर टिक गए कि उस अमरबेल को भूल गए जिसका नाम मन है। अमरबेल यानी वह झाड़ी जो जिस वृक्ष पर से जुड़ती है उसे चूस लेती है। नतीजतन वृक्ष सूख जाता है, बेल पनप जाती है। मन के फलने-फूलने का नाम ही जीवन की बेचैनी है। हम अपने उत्तराधिकारियों के लिए संपत्ति छोड़ रहे हैं पर सही उत्तरदायित्व भूल रहे हैं।

मनुष्य को मशीन मान उसमें तेल-पानी की तरह भौतिक सुविधाएँ दी जा रही हैं, परंतु इंसान के भीतर जो चेतना है उसे स्पर्श करने में परिवार के मुखिया चूक जाते हैं। मुखिया ही क्या परिवार के अन्य

सदस्य भी एक-दूसरे के साथ इस चूक में ही जीने लगते हैं। सभी सदस्य इन बाहरी सुविधाओं के इतने आदी हो जाते हैं कि इनमें ज़रा भी कमी होने पर सब एक-दूसरे पर तनाव, दबाव और अपेक्षा के अंगारे उछालने लगते हैं और ऐसे में गृहस्थी की बैकुंठी संभावना समाप्त होने लगती है और एक ऐसी आपाधापी मच जाती है जिसमें अवज्ञा, असहयोग प्रतिष्ठा का विषय बन जाता है।

इसलिए परिवार में जो भी, जब भी मुखिया की भूमिका में हो वह अन्य सदस्यों के मन तक भी पहुँचे। जिस जीवन ऊर्जा को मन खा रहा है उसे रोकें। तन-मन के संतुलन को समझने वाले परिवार शांति के केन्द्र होंगे।

भौतिक सुख-सुविधाओं का सीधा संबंध शरीर से होता है। इनके इतने ज़्यादा आदी भी न हों कि परिवार में शांति का स्थान कलह व तनाव ले ले। यदि शांति की चाहत हो तो तन के साथ-साथ मन की ज़रूरतों को भी समझना होगा।

23

स्वभाव में विनम्रता आने पर अहंकार के ख़तरे कम हो जाते हैं

प्रशंसा वह मदिरा है जो कानों से पिलाई जाती है। होंठों से पी गई मदिरा से सिर्फ़ पैर लड़खड़ाते हैं लेकिन कानों से उतरी मदिरा पूरे व्यक्तित्व को लड़खड़ा देती है। हमारे यहाँ परमात्मा या दैव पुरुषों को भोग लगाने की परंपरा है। यह बड़ी प्रतीकात्मक घटना है। इसी प्रकार जब हमारे कर्म का भोजन यानी प्रशंसा हमें प्राप्त हो तो उसे भी परमात्मा को भोग के लिए समर्पित करें तथा बाद में प्रसाद स्वरूप उसे ग्रहण करें।

प्रशंसा का भोग भगवान को लगाने का काम हनुमानजी महाराज से सीखा जा सकता है। सीताजी की खोज और लंका दहन जैसे बड़े काम करने के बाद जब वे लौटे थे तो श्रीराम ने सबके सामने उनकी प्रशंसा में कहा था – *सुनु कपि तोहि समान उपकारि, नहीं कोई सुर, नर, मुनि तनुधारी। प्रति उपकार करउँ का तोरा, सनमुख होइ न सकत मन मोरा।*

अर्थात हनुमान, तुम्हारे समान तो देवता, मुनि, मनुष्य भी नहीं हो सकते। अब मैं तुम्हारा उपकार कैसे चुकाऊँ। तुम्हारे समान तो मेरा मन भी नहीं हो सकता। ये अति प्रशंसा की पंक्तियाँ हैं जो किसी को भी अहंकार में डुबोने के लिए पर्याप्त है। परंतु हनुमानजी यह बात सुनकर भगवान के चरणों में गिर गए – *सुनि प्रभु बचन बिलोकि मुख,*

गात हरषि हनुमंत । चरन परेउ प्रेमाकुल, त्राहि त्राहि भगवंत।

अर्थात श्रीराम के वचन सुन हनुमानजी रक्षा करें, रक्षा करें कहते हुए उनके पैरों में गिर गए। यह था अपनी प्रशंसा का भोग परमात्मा को लगा देना। प्रसाद का क़ायदा है कि सबसे पहले भगवान को, शेष समाज में बाँटें फिर बचा हुआ ख़ुद ग्रहण करें। यहाँ हनुमानजी ने भगवान के चरणों में गिरकर यह भी संकेत दिया कि प्रशंसा मिलने पर परमात्मा, माता-पिता, बड़ी उम्र के लोगों तथा समाज के सामने नतमस्तक हो जाएँ, विनम्र हो जाएँ।

प्रशंसा प्राप्त होने पर यदि विनम्रता आ जाए तो अहंकार आने के ख़तरे कम हो जाएंगे। अहंकार से बचने और विनम्रता प्रदर्शित करने का एक सरल तरीक़ा यह भी है कि ज़रा मुस्कराइए...।

प्रशंसा को प्रसाद की तरह समझा जाए। अगर किसी कार्य या आचरण के बदले प्रशंसा प्राप्त हो तो पहले उसे ईश्वर को समर्पित करें, फिर स्वयं ग्रहण की जाए। यह विनम्रता का लक्षण है और विनम्रता अहंकार को दूर भगाती है।

24

रिश्तों में सहयोग से अधिक समझ काम करती है

परिवार या दुनियादारी में रिश्ते बनाना, निभाना और बिगाड़ना एक ज़रूरी काम की तरह होता है। कहीं हम रिश्तों को ढो रहे होते हैं तो कहीं रिश्ते हमारे बोझ उठा रहे होते हैं। रिश्तों में सहयोग से अधिक समझ काम करती है। ज़िंदगी के तमाम रिश्तों में एक ज़रूरी रिश्ता होता है भक्त और भगवान का।

जिस प्रकार हम दुनिया के रिश्तों को पकड़ते हैं वैसे ही भगवान के रिश्तों को भी थाम लेते हैं। बनाया, बिताया, भोगा और फेंक दिया। नए दौर की इस जीवन विधा में रिश्ते इसी तरह बनाए गए हैं। भगवान और भक्त के रिश्ते में एक सुंदर कड़ी है गुरु। गुरु इस रिश्ते के लिए एक समझ और संकेत देते हैं।

उदासीन पंथ के आचार्य श्रीचंद्र के साहित्य *मात्रावाणी* में एक वाक्य आया है- *सुरति की सूई ले सद्‌गुरु सीवे, जो राखे सो निर्भउ जीवें।* उदासीन स्वामी ईश्वरदासजी ने एक जगह इसकी सुंदर व्याख्या की है। सुरति यानी पावन नाम द्वारा होश। जैसे संसार में हमारे रिश्ते बिखरे-बिखरे रहते हैं, वैसे ही हम भगवान से भी बना लेते हैं। दुनिया के रिश्तों में हमें लाभ-हानि का भय होता है। हमारे ही भीतर के काम, क्रोध, मद, लोभ रिश्तों की निर्मलता को ख़त्म करते हैं।

गुरु सुरति की सूई लेकर इन बिखरे रिश्तों को एक सूत्र में

पिरोकर माला जैसा बनाकर परमात्मा को अर्पित करने लायक बना देते हैं। गुरु की सूई रिश्तों में निर्मलता और निर्ममता दोनों प्रदान करती है।

गुरु की सीख और सूझ समाज, परिवार के अन्य रिश्तों को भी परिपक्व, पवित्र तथा जीने लायक़ बनाती है जिसकी आज ज़रूरत है। इसलिए गुरुमंत्र जितना हो सके उतना साधा जाए। साथ में एक सीधा सा मंत्र है ज़रा मुस्कराइए...।

रिश्तों को बोझ नहीं समझा जाए। इनके निर्वहन में सहयोग से ज़्यादा समझ काम करती है। समझ यह हो कि रिश्ते परिपक्व, पवित्र व जीने लायक़ बन जाएँ।

25

परिवार की व्यवस्था में ज़रूरी है भरत जैसी त्यागवृत्ति

अयोध्या से वनवास पर निकलने के बाद चित्रकूट में श्रीराम और भरत का मिलन हुआ था। यहाँ भरतजी ने बार-बार श्रीराम से निवेदन किया था कि वे वनवास छोड़कर अयोध्या चलें और राजतिलक को स्वीकार करें। श्रीराम भरत को पिता के वचनों की दुहाई देकर राजपाट ग्रहण करने से मना कर देते हैं। भरत को शासन-व्यवस्था सँभालने के लिए उपदेश देते हुए कहते हैं - ''तुम तो मुनि, माता, मंत्रिगण की शिक्षा मानकर पृथ्वी, प्रजा और राजधानी का पालन करना।''

जब श्रीराम ने अपने निर्णय पर अटल रहकर भरत का प्रस्ताव स्वीकार नहीं किया तब भरत ने निर्णय लिया कि वे भी राजगद्दी पर नहीं बैठेंगे। श्रीराम ने उन्हें अपनी खड़ाऊँ दे दी थी। *प्रभु करि कृपा पाँवरी दीन्हीं, सादर भरत सीस धरि लीन्हीं।* भरत ने उन दोनों खड़ाऊँ को राजसत्ता का प्रतीक मानते हुए ज्योतिषियों को बुलाकर अच्छा मुहूर्त साधकर प्रभु की चरण पादुकाओं को सिंहासन पर विराजित कराया। इस घटना में एक सूक्ष्म संदेश छुपा है।

पादुका को राजा का प्रतीक मानकर अवध के राजसिंहासन पर विराजित किया तथा भरत राजा के रूप में नहीं बैठे, अनासक्त होकर राजकाज करते रहे। उन्होंने स्वयं को पीछे रख ऐसी भूमिका का

निर्माण किया जिसमें उनकी नैतिकता से प्रभावित होकर राज्य का हर प्रजाजन राम-राज्य के समान ही सुशासन का कर्णधार बना।

पारिवारिक व्यवस्था में भी कभी-कभी ऐसी स्थिति आ जाती है कि शीर्ष या केंद्रीय पुरुष नहीं हो तो सब मिलकर उस व्यवस्था को चलाते हैं। लेकिन इसके लिए आवश्यकता है भरत जैसी त्यागवृत्ति और समर्पण के भाव की। इसी का नाम व्यावहारिक जीवन में ईमानदारी और लगन है।

परिवार के संचालन में त्याग और समर्पण बहुत ज़रूरी है। कभी-कभी ऐसी स्थिति भी आ जाती है कि मुखिया की अनुपस्थिति में अन्य सदस्यों को मिल-जुलकर व्यवस्था को आगे बढ़ाना होता है। त्याग-समर्पण के बिना यह संभव नहीं होता।

26

शालीनता एक आत्मिक अनुशासन है

यह एक सामान्य सिद्धान्त है कि भले लोग गृहस्थी बसाते हैं और सज्जनता से उसे चलाते हैं। सज्जनता और शालीनता में बारीक फ़र्क़ है। गृहस्थी चलाते हुए कई सज्जन लोग शालीन नहीं रह पाते जबकि व्यवस्थित पारिवारिक व्यवस्था के लिए यह ज़रूरी है। शालीनता एक आत्मिक अनुशासन है। घर-परिवार के जीवन में विलास और अहंकार जिस तेज़ी से प्रवेश करते हैं उसके लिए शालीनता स्पीडब्रेकर का काम करती है। घर के सदस्य एक-दूसरे के प्रति जब शालीनता का व्यवहार करेंगे तो अपनेपन के भाव में वृद्धि होगी।

व्यवहार में शालीनता लाने के कुछ आध्यात्मिक प्रयोग किए जा सकते हैं। शांत मन शालीनता को स्वत: ही बाहर फेंकता है। पहले तो यह समझें कि गृहस्थी में मनुष्य का मन एक मदमस्त हाथी की तरह व्यवहार करता है, परिणाम देता है, बगिया उजाड़ता है और झोपड़ी-टापरी तोड़ता है। इसे कहते हैं : अशांत मन।

जब-जब आपका मन अशांत होगा तब-तब आप अपनी गृहस्थी में स्वयं ही कई नुकसान करेंगे। यहाँ समझ लें कि अशांत मन कुछ नहीं होता, दरअसल अशांति का नाम ही मन है। मन शांत करने के जितने प्रयास करेंगे हाथ में असफलता ही लगेगी। इसके लिए तीन तरीक़े अपनाने पड़ेंगे। मन से बाहर हो जाएँ, दूर हो जाएँ और पार चले जाएँ।

मन को शांत नहीं किया जा सकता, वह जैसा है वैसा ही रहेगा। हाँ, हम उससे बाहर, दूर या पार जाकर शांति को उपलब्ध हो पाएँगे। इसके लिए कोशिश यह की जाए कि परिवारों में सामूहिक ध्यान जैसे निजी शिविर लगाए जाएँ। पति-पत्नी या अन्य सदस्य जब भी बैठें, साथ में ध्यान का अभ्यास करें। सावधान रहें कि इस समय मौन घटाना है चुप्पी नहीं। एक साथ किया जा रहा मेडिटेशन आपस में प्रेम भरेगा और साथ-साथ में घटा मौन वातावरण व चित्त को शांत कर देगा।

परिवार की शांति के लिए मेडिटेशन या ध्यान ज़रूरी है। ध्यान हमें शालीन बनाता है और शालीनता अपनेपन की भावना बढ़ाती है। जहाँ अपनेपन का भाव होगा वहाँ शांति होना ही है।

27

नारी शक्ति को उसके त्याग का फल मिलना ही चाहिए

सचमुच नारी के लिए ज़माना कभी नहीं बदला। *सत्यनारायण व्रतकथा* में साधु नामक वैश्य अपने दामाद के साथ जब व्यापार करने जाता है तो वहाँ उसे जेल हो जाती है। इस प्रसंग में गाँव में रह गई उन दोनों की पत्नियों ने जो गतिविधियाँ की थीं उसमें जीवन के संघर्ष का एक नया रूप सामने आता है। एक तो दोनों गाँव में अकेली थीं। उधर उनके पति जेल में थे। अत: समाज ने भी इनकी ओर से मुँह मोड़ लिया था। स्त्रियाँ यदि अकेली हों तो समाज में उनका संघर्ष और बढ़ जाता है।

माँ-बेटी बहुत परेशान थीं किंतु बेटी के मन में समस्या के समाधान की ललक बनी हुई थी। ज़िंदगी का क़ायदा है कि हमें ऐसे सत्य और शक्ति की तलाश करते रहना चाहिए जिसे दूसरे नज़रअंदाज़ कर रहे हों। दूसरों के द्वारा छोड़े गए अवसरों को तुरंत लपक लें। बेटी कलावती लगातार प्रयासरत थी सो एक दिन एक कथा में पहुँच गई।

जिन व्यक्तियों में चरित्र होता है, दृढ़ता होती है उनका व्यक्तित्व कठिनाई में विशेष आकर्षक रूप ले लेता है। बेटी के मुँह से कथा वाला प्रसंग सुनकर माँ के मन में आया और दोनों ने स्वयं व्रत तथा पूजन किया। यहाँ एक बड़े सूत्र की बात सामने आई है। वैश्य और

उसका दामाद कारागृह से इसलिए मुक्त हुए थे कि उन दोनों की पत्नियों ने पूजन और व्रत के माध्यम से उनकी मुक्ति का प्रयास किया था।

भारत में नारियाँ तब भी और अब भी परिवार की ख़ुशी, परिवार की शांति के लिए देहरी के भीतर और देहरी के बाहर दोहरा दायित्व निर्वाह कर रही हैं। इसलिए मातृशक्ति के संघर्ष को पूरा सम्मान दिया जाए।

परिवार के लिए अपना सब कुछ न्यौछावर करने के बाद माताओं और बहनों की एक ही माँग रहती है कुछ पल का सम्मान, कुछ क्षण का स्नेह उन्हें मिल जाए। और समाज का पुरुष वर्ग इन्हें यह देने में चूक जाता है जो ठीक नहीं है। स्त्री शक्ति को उसके त्याग का फल मिलना ही चाहिए।

अकेली स्त्रियों का समाज में संघर्ष बढ़ जाता है। चरित्रवान और दृढ़ स्त्रियों का व्यक्तित्व संकट के समय विशेष रूप ले लेता है और वे समस्याओं से पार पा लेती हैं। परिवार की ख़ुशी, शांति के लिए मातृशक्ति दोहरा दायित्व निर्वाह करती है। उसके संघर्ष को पूरा सम्मान मिलना ही चाहिए।

28

एक केटेलिटिक एजेंट की तरह होता है परमात्मा

महाभारत के युद्ध में शकुनि हमेशा कहता था कि युद्ध के मैदान से कृष्ण को दूर रखा जाए। दुर्योधन पूछा करता था, "ऐसा क्यों, आख़िर कृष्ण क्या करेंगे। जब वे शस्त्र नहीं उठाने का संकल्प ले चुके हैं फिर क्या भूमिका उनकी, क्यों बेकार में कृष्ण को महत्व दें?" शकुनि के विचार में कृष्ण की उपस्थिति की चिंता हमें गहरे आध्यात्मिक अर्थ दे जाती है। अध्यात्म ने इसे अज्ञात की उपस्थिति तो विज्ञान ने ऐसी स्थिति को केटेलिस्ट कहा है।

विज्ञान अपने आविष्कार और शोध में घोषणा करता है कि कुछ वस्तुओं के निर्माण में केटेलिस्ट की मौजूदगी ज़रूरी होती है। इसे पानी के उदाहरण से समझा जा सकता है। विज्ञान की भाषा में इसका निर्माण ऑक्सीजन और हाइड्रोजन के मिलने से हुआ है, लेकिन सिर्फ ऑक्सीजन और हाइड्रोजन मिला दें तो पानी नहीं बनता, इसमें बिजली की भी भूमिका होती है।

बचपन में हमने विज्ञान की पुस्तकों में पढ़ा भी है कि बादल टकराते हैं, बिजली चमकती है और पानी बरसता है। यदि बिजली न हो तो केवल बादल पानी निर्माण नहीं कर सकते, परन्तु जब पानी का वैज्ञानिक विश्लेषण होगा तो उसके निर्माण में बिजली नजर नहीं आएगी, सिर्फ ऑक्सीजन और हाइड्रोजन हाथ लगेंगे।

अब सवाल यह उठता है कि आख़िर बिजली ने ऐसा क्या किया, उसकी भूमिका, उसका योगदान क्या? वह निर्माण कर्ता नहीं है फिर भी उपस्थित है। बस यहीं से उस प्रश्न का उत्तर मिलेगा जो कई लोग उठाते हैं।

आख़िर हमारे जीवन में भगवान की क्या भूमिका है। जिस प्रकार पानी के निर्माण में बिजली की उपस्थिति मात्र ही परिणामकारी है, ऐसी ही भगवान की उपस्थिति हमारे जीवन में रहती है। एक केटेलिटिक एजेंट की तरह परमात्मा अपना काम कर जाता है। शकुनि ने यही इशारा श्रीकृष्ण को लेकर किया था।

परमशक्ति की मौजूदगी या अनुपस्थिति की चिंता गहरे आध्यात्मिक अर्थ दे जाती है। जिस प्रकार पानी के निर्माण में बिजली की उपस्थिति मात्र ही परिणामकारी होती है, ऐसा ही हमारे जीवन में भगवान की उपस्थिति का महत्व होता है।

29

ऊर्जा एक ही है, निर्माण में लगाएँ या बर्बादी में

विद्वत्ता का गहना है विनम्रता। माना गया है कि ज्ञान का ख़तरा अहंकार और भक्ति का ख़तरा आलस्य है। कुछ लोग अहंकार से मुक्ति के लिए विनम्रता को अपना लेते हैं। मनुष्य के भीतर जो 'मैं' का भाव होता है, अहंकार उसी को हृष्ट-पुष्ट करता है। इसी 'मैं' के कारण कई बार परिवार की गाड़ी पटरी से उतर जाती है।

'मैं' चूँकि भीतर का मामला है अतः बाहर ओढ़ी गई विनम्रता भीतर के 'मैं' को एक अलग तरीक़े से मज़बूती देने लगती है। कुल मिलाकर विनम्रता अहंकार का पॉलिश्ड रूप ले लेती है। पता ही नहीं चलता और विनम्रता अहंकार का आभूषण बन जाती है। तो फिर अहंकार मिटे कैसे क्योंकि विनम्रता इसे और सूक्ष्म बना देती है।

अहंकार को मिटाने का कोई सीधा तरीक़ा नहीं है। अपने भीतर गहरे उतरकर इसे जानना ही इसे मिटाने का तरीक़ा है। हम अपने रोज़मर्रा के जीवन में उन स्थितियों पर ध्यान दें जो अहंकार के कारण बनती हैं। जैसे अधिकार को ही लें। जहाँ-जहाँ हमें अधिकार का उपयोग करना हो वहाँ-वहाँ सावधान हो जाएँ।

अधिकार में कर्तव्यबोध जितना अधिक होगा अहंकार की संभावना उतनी ही कम होती जाएगी। इसी प्रकार विनम्रता में संवेदनशीलता को बनाए रखें। संवेदनाओं की अधिकता अहंकार को

गलाने में मदद करेगी। अनावश्यक और अतिशय मात्रा में धन-संपत्ति का ख़र्च करना भी अहंकार को जन्म देता है। अपव्ययी भविष्य में दुर्गुणी बन ही जाता है।

अपनी निजी आवश्यकताओं की पूर्ति के बाद अभावग्रस्त लोगों के लिए उदारता से पूर्ति करने से भी अहंकार क्षीण होगा। कुल मिलाकर प्रयास यह करें कि उन स्थितियों को जानें जो अहंकार से निर्मित हैं और बाद में अहंकार का निर्माण भी करती हैं। उन स्थितियों के जानने में ही अहंकार का मिटना है। जब तक यह अहंकार पूरी तरह नहीं मिट जाता, परिवार की गाड़ी पटरी छोड़ती ही रहेगी।

अहंकार ज्ञान और आलस्य भक्ति के मार्ग का रोड़ा है। अहंकार को मिटाने का कोई सीधा तरीक़ा नहीं है। स्वयं के भीतर गहरे उतरकर इसे जानना ही इसे मिटाने का तरीक़ा है। अहंकार से निर्मित स्थितियों को समझते हुए उनसे बचना होगा।

30

सात्विक वृत्ति हमारा स्वभाव हो, व्यवहार नहीं

मनुष्य का व्यक्तित्व तीन गुणों से बना है- सत, रज और तम। राजसी और तामसिक गुण तो नुक़सानदायक हैं ही परंतु सतगुण भी यदि रोग बन जाए तो नुक़सानकारी है। हमारी सात्विक वृत्ति हमारा स्वभाव होना चाहिए व्यवहार नहीं। व्यवहार में रही सात्विक वृत्ति धीरे-धीरे बीमारी ही बन जाती है। इसीलिए अच्छे लोग भी बुरे लगने लगते हैं। ख़ासतौर पर पारिवारिक परिस्थितियों में ऐसा देखने में आता है।

अच्छे लोगों के परिवार के सदस्यों के लिए ऐसे सतगुण भारी लगते हैं जब वे बीमारी बन जाते हैं। शायद इसीलिए इस तरह की बीमारी पाले अच्छे लोगों की संतानें भी सदैव अच्छी नहीं रह पातीं। परिवार के सदस्य दबाव महसूस करने लगते हैं। सत्व भी बोझ मालूम पड़ता है।

जिनके भीतर सतगुण होता है उनमें यह भावना आ जाती है कि हम दूसरों से श्रेष्ठ हैं। वे अपने ही शुभ का संग्रह करने लगते हैं, इसी से लोभ जागता है। अपने ही श्रेष्ठ कार्यों को गिनने की वृत्ति बन जाती है। फिर एक बार यदि गिनती की आदत पड़ जाए तो जो शुभ हमने किया नहीं होगा उसे भी हम गिनने लगते हैं। इसी के साथ शुभ में झूठ का प्रवेश हो जाता है।

जब आदमी धन कमाता है तो लॉकर में रखता है, बैंक बैलेंस बनाता है। इसी तरह सतगुणों को स्मृति में स्टॉक करने की आदत बन जाती है। स्मृति में अधिक एकत्रित करें तो इसका बोझ सारे व्यक्तित्व पर पड़ता है और यहीं से एक अच्छा आदमी बोझिल होने लगता है।

अतः सतगुण जीवन में आएँ यह तो अच्छा है, परन्तु उसे अहंकार से बचाएँ और अपने अच्छे व्यक्तित्व को दूसरों पर बोझ न बनाएँ। श्रेष्ठ को आकर्षक बनाए रखें। और इसके लिए– ज़रा मुस्कराइए, सदा मुस्कराइए...।

राजसी और तामसिक गुण तो नुक़सानदायक होते ही हैं, कभी-कभी सतगुण भी नुक़सानकारी हो जाते हैं। ख़ासतौर पर पारिवारिक मामलों में सतगुणों के साथ यदि अहंकार प्रवेश कर जाए तो रोग बन जाते हैं।

31

हमारे भीतर की श्रेष्ठता को उजागर करती है आभार की वृत्ति

भारत की भीड़ को लेकर विदेशी लेखकों और चिंतकों ने बहुत लिखा है। दरअसल, हम भारतीय लोग समूह की वृत्ति में जीते हैं और जल्दी अनुशासन छोड़ देते हैं। इस कारण हमारा समूह भीड़ में बदल जाता है और हमारी इसी भीड़ का दुनियाभर में मज़ाक उड़ाया जाता है।

अध्यात्म ने अधिक मनुष्यों की एक साथ उपस्थिति को अनुग्रह से जोड़ा है जो बिल्कुल नई दृष्टि है। भारतीय संस्कृति से जीवन में जो कुछ भी उपलब्ध हुआ है उसके प्रति आभार से भरे रहने के लिए अत्यधिक आग्रह किया जाता है। हमें जहाँ से जो भी मिला है उसके प्रति आभारी ज़रूर हों।

हमारे यहाँ प्रत्येक धार्मिक आयोजन में सब एक साथ इकट्ठा होकर भावों से जुड़ें इसका प्रयास किया जाता है। धार्मिक अनुष्ठानों के कर्मकांडों से यही संदेश दिया जाता है कि सब आपस में मिलकर रहें। भारतीय संस्कृति ने छोटे-छोटे पर्वों पर भी ऐसी व्यवस्था दी है कि परिवार के सदस्य एक साथ, एक स्थान पर इकट्ठे हो जाएँ।

छोटे परिवारों के इस युग में पैदा हो रहे और पल रहे बच्चे जान ही नहीं पाते हैं कि मम्मी-पापा के अलावा भी रिश्तों का ऐसा संसार है जो जीवन को रिलेक्स कर सकता है। कुछ बच्चे तो रिश्तों के

संबोधन ही भूल गए। घर की शोभा पूरे परिवार से होती है और पूरे परिवार में केवल तीन-चार सदस्य नहीं होते। परिवार में सब मिलकर रहें या वक़्त-वक़्त पर मिलते-जुलते रहें तो यहीं धरती पर घर में ही स्वर्ग होगा। मिल-जुलकर करने पर धार्मिक कार्य भी अपने आप में उत्सव हो जाता है।

जो लोग दुनिया में सर्वश्रेष्ठ बने हैं वे इकट्ठा होने का रहस्य जानते हैं। परिवार में सबके साथ इकट्ठा रहने पर अपने अहंकार को नियंत्रित करना पड़ता है। इसके लिए सरल तरीक़ा है : आभार प्रकट करने की वृत्ति बनाए रखें। हम जितने आभार से भरे हुए होंगे अपने भीतर की श्रेष्ठता को उतना ही उजागर कर पाएँगे।

परिवार में सब मिलकर रहें या वक़्त-वक़्त पर मिलते-जुलते रहें तो यहीं धरती पर, घर में ही स्वर्ग का आनंद लिया जा सकता है। आभार प्रकट करने की वृत्ति अहंकार को नियंत्रित रखती है। इसलिए हर सदस्य आभार वृत्ति से भरा हो।

32

जिसने मन को जीत लिया वही होगा विश्वजीत

'मन के हारे हार है, मन के जीते जीत...।' इस साधारण सी कहावत का जन्म कई महत्वपूर्ण श्लोकों से गुज़रकर हुआ है। सभी धर्मों ने अपने साधकों को घुमा-फिराकर मन पर ला टिकाया है। जो अपने मन से हारा वो चाहे बाहर दुनिया जीत ले फिर भी पराजित ही माना जाएगा और जिसने मन को जीत लिया वह विश्वजीत हो जाएगा।

हनुमानजी को जब लंका में पहली बार प्रवेश करना था तो वे जानते थे कि लंका भोग और विलास का केन्द्र है। यहाँ सबसे अधिक मन को नियंत्रण में रखना होगा। हनुमानजी का सिद्धांत था मन को नियंत्रण में रखने के दो तरीक़े हैं - पहला अभ्यास और दूसरा है वैराग्य। महर्षि पतंजलि ने भी लिखा है *अभ्यासवैराग्याभ्यां तन्निरोधः।* मन के लिए सबसे अच्छा अभ्यास है सतत नाम जप।

24 घंटे में कुछ समय निकाला जाए जब प्रत्येक साँस के साथ विचार न लेते हुए नाम जप किया जाए। यह नाम गुरुमंत्र हो सकता है, ईश्वर की स्मृति के लिए कई शब्द हो सकते हैं लेकिन उस समय मन को विचारों से मुक्त रखा जाए। धीरे-धीरे जीवन के सभी कार्य करते हुए यह जप भीतर-भीतर चलने लगता है। इस अभ्यास से मन को नियंत्रित करने में सुविधा रहती है।

दूसरा तरीक़ा है वैराग्य। वैराग्य का यह अर्थ नहीं है कि

दुनिया छोड़कर साधु बना जाए। अध्यात्म ने तो कहा है हर साधक की छः संपत्तियाँ होती हैं- शम, दम, उपरति, तितिक्षा, समाधान और श्रद्धा। उपरति का अर्थ है वैराग्य। भोग और विलास के प्रति सजगता का दूसरा नाम वैराग्य है।

वैराग्य आते ही कामनाएँ और तृष्णाएँ वश में होने लगती हैं। यहीं से भ्रम और द्वंद्व समाप्त होते हैं। उलझनें मिटने लगती हैं। यह स्पष्ट होने लग जाता है कि जो सही है वही करना है, जो ग़लत है उसे करना तो दूर चिंतन में भी नहीं लाना है। वैराग्य ऐसी स्पष्टता भी देता है। हनुमानजी ने लंका प्रवेश के पहले इन दोनों बातों को साध लिया था।

मन से मिली हार सबसे बड़ी हार होती है। मन से हारा आदमी बाहर दुनिया जीत ले फिर भी पराजित ही माना जाएगा। मन को जीतने के लिए उस पर पूरा नियंत्रण रखना होता है और इसको नियंत्रण में रखने के दो तरीक़े हैं - अभ्यास और वैराग्य।

33

सफलता तक पहुँचने की सीढ़ी है समर्पण

रूहानी दुनिया का बड़ा साफ़ क़ायदा है कि जितनी हमारी हैसियत होगी ऊपर वाला उतनी मेहरबानी करेगा। जैसी पात्रता होगी उतना पात्र भर जाएगा। यहाँ हैसियत के मायने धन-दौलत से नहीं है। रूहानी दुनिया में इसका ताल्लुक़ इबादत से है। पूर्ण समर्पण के बिना भक्ति नहीं हो पाएगी। समर्पण को ही पात्रता माना गया है। समर्पण में 'मैं' गिराना पड़ता है। भौतिकता में 'मैं' मज़बूत होता है। भक्ति में 'मैं' मर ही जाता है। जहाँ 'मैं' गिरा और 'तू' ही 'तू' हुआ वहीं उस ऊपर वाले को आना पड़ता है ।

मोहम्मद साहब पर कुरान की आयतें उतरीं थीं। इसका मतलब यही है कि पात्रता थी तो उनका पात्र आयतों से ख़ुदा को भरना ही पड़ा। हम जब फ़क़ीरो से मिलते हैं तो वे हमारा 'मैं' गिराकर पात्रता ही बनाते हैं। वे हमारी तैयारी कराते हैं। कई बार संत-फ़क़ीर हमें वैसा रिस्पांस नहीं देते जो हमारा 'मैं' चाहता है। अहंकार महत्त्व चाहता है और फ़क़ीर अपनी मस्ती में रहकर हमें गलाता है। इसे आंतरिक रूपांतरण कहा गया है।

हज़रत मोहम्मद भी सरलता पर ज़ेर देते थे। उन्होंने गुरूर को ख़ुदा तक पहुँचने में मुश्किल का नाम दिया है। उन्होंने कई रूहानी प्रयोग अपने निकट के रिश्तेदारों पर ही किए थे। रिश्तेदारों से जो निकटता होती है उसी में ज़्यादा अहंकार और ईर्ष्या पलती है।

जब हम फ़क़ीरों की निकटता से समर्पण सीखते हैं तो यही समर्पण का स्वभाव हमें दुनियादारी में भी काम आता है। बात परिवार की हो या दुनियादारी की, कोई भी काम बिना समर्पण के सफल नहीं होता और समर्पण भरी सफलता अशांत भी नहीं करती।

पात्रता से अधिक किसी को कुछ नहीं मिलता। भक्ति की बात की जाए तो इसमें समर्पण को ही पात्रता माना गया है। समर्पण भाव के बिना भक्ति नहीं हो सकती।

34

परिवार में स्थायी ख़ुशी ला सकते हैं निजी सत्संग

हम बाहर से ख़ुश रहते हैं, दिखते हैं और यह भी कहते हैं कि ऐसा करना हमारी मज़बूरी है। बाहरी प्रसन्नता एक औपचारिकता बन गई है। मुस्कराना स्वभाव नहीं सौजन्य हो गया है। बाहर तो एक-दूसरे की कर्टसी में हम ख़ुश हैं। ओढ़ा हुआ यह आवरण कुछ समय बाद कोई न कोई बीमारी देकर जाता है।

हमारी ख़ुशियाँ हमने कपड़ों की तरह कर ली हैं। पहने, बदले और फेंके, जबकि ये होने चाहिए चमड़ी की तरह। सदैव शरीर के साथ। दरअसल स्थायी प्रसन्नता आती है मन से। मन को नियंत्रित करने के लिए ज्ञान, जानकारी, अनुभव या प्रयास ही काम नहीं आएँगे, इसमें तकनीक का महत्व है।

मन पर नियंत्रण की एक पूरी टेक्नोलॉजी है जो शास्त्रों में कई रूप में व्यक्त है। इनमें से एक सरल उपाय है सत्संग। यह नाम आते ही लोग दृश्य खींच लेते हैं कि कोई कथा जैसा आयोजन होगा। एक बोलेगा कई सुनेंगे और माहौल धार्मिक रहेगा। मन से निपटने के लिए सत्संग का एक नया प्रयोग किया जाए। वह है घर में, परिवार में सदस्यों के बीच सत्संग होता रहे।

आजकल देखा जाए तो परिवारों में बातचीत जीवन की सामान्य स्थितियों से संबंधित ही रहती है। तेरा-मेरा करने के लिए या समय

बिताने के लिए ही बातचीत हो रही है। कई बार तो रिश्तों में पारिवारिक बातचीत भी औपचारिकता ही नहीं, बोझ बन रही है। इसलिए इसे सत्संग का फ्रेम दिया जाए। मन को कैसे साधा जाए इसलिए योग के आठ अंगों पर भी कभी सदस्य आपस में स्टडी कर अपने विचार दें।

सामूहिक ध्यान करना डाइनिंग टेबल पर एक साथ बैठकर खाना खाने से भी अधिक फ़ायदेमंद साबित हो सकता है। निजी सत्संग के ये छोटे-छोटे सेशन परिवारों में भीतरी और स्थायी ख़ुशी ला सकते हैं।

प्रसन्नता दिखावे के लिए नहीं, स्थायी होना चाहिए। मुस्कराना सौजन्य नहीं, हमारे स्वभाव में होना चाहिए। स्थायी प्रसन्नता मन से ही आ सकती है इसलिए मन को नियंत्रण में रखना होगा। सत्संग इसका श्रेष्ठ उपाय है। घर में, परिवार में सदस्यों के बीच सत्संग होते रहना चाहिए।

35

दृष्टि और धरती दोनों में नमी बनाए रखें

इस धरती से हम जितना ले सकते हैं वह उससे भी ज़्यादा देने को तैयार है। हमारी हैसियत और उसकी क्षमता में नीयत का बड़ा महत्व है। धरती माता की देने की नीयत तो बड़ी साफ़ है पर हमने लेने की मंशा में जगह-जगह खोट के खूँटे गाड़ दिए हैं। हर खूँटे ने इस माँ के हृदय को छलनी ही किया है। लेन-देन के व्यवहार में हमने जो अति की है जलसंकट उसी का परिणाम है। पानी का इतना दोहन किया तो हम बाहर और भीतर दोनों से सूख जाएँगे।

हमने धरती क्या सुखाई हमारी आँखों के आँसू भी सूख गए। परमात्मा को आँखें नहीं आँख के पीछे के आँसू देखते हैं। जिनकी आँखों की नमी सूख गई वे भगवान को कभी नहीं देख पाएँगे। इसलिए धार्मिक और आध्यात्मिक लोगों की ज़िम्मेदारी है कि वो दृष्टि और धरती दोनों में नमी बनाए रखें, बचाए रखें।

यह पूरी दुनिया उस ऊपर वाले का सुंदर बगीचा है। यह बगीचा केवल जीवन-निर्वाह के साधन ही नहीं बल्कि मस्ती, ख़ुशी और हर्षोल्लास के मौक़े भी देता है। इस ख़ूबसूरत बगीचे में चहलकदमी करने की जगह हम भौतिक विकास के बुलडोजर पर बैठकर घूमने निकल जाते हैं।

साधनों के उपयोग की ग़लत अदला-बदली सारे जीवन के गणित को भी बिगाड़ देती है। शायद इसीलिए पहले के वक़्त में जब

साधन कम थे तब हम ज्यादा सुखी थे और अब भरमार है तो हम भीतर से खोखले हो गए। धरती को भी हम ऐसे ही ख़ाली किए जा रहे हैं।

क्या कोई संतान माँ के साथ ऐसा व्यवहार करते अच्छी लगती है, तो फिर हम क्यों धरती माता के साथ इस प्रकार का अनुचित व्यवहार करते हैं? उससे माँगने में हमारे भीतर निःस्वार्थता की भावना पैदा करें फिर देखो किस प्रकार वह हमारा पूरा जीवन हरा-भरा कर देती है।

किसी की देने की नीयत साफ़ हो तो हमारी लेने की मंशा भी साफ़ होना चाहिए। लेने के व्यवहार में अति करेंगे तो परिणाम में संकट ही मिलना है। संसाधनों का उपयोग ज़रूरत के मुताबिक़ सीमित मात्रा में ही किया जाए तो बेहतर होगा।

36

शास्त्र अध्ययन का परिणाम आचरण होना चाहिए

परिवार में किया गया आचरण सर्वाधिक महत्वपूर्ण होता है क्योंकि इसमें पूरे परिवार का जीवन और बच्चों का भविष्य छिपा होता है। कहते हैं कि मनुष्य की आदतें उसके परिवार में निर्वस्त्र रहती हैं। घर के बाहर तो ओढ़ी शराफ़त, ढोंग, छल, दिखावा यह सब करके वह अपने आचरण को छिपा ले जाता है लेकिन घर में आदमी अपने दुर्गुणों के साथ खुलकर खेल लेता है।

देखा जाता है कि घरों में दुर्गुणी सदस्य किसी बीमारी से कम नहीं होते, सारे परिवार को दुख देते हैं। ऐसी बीमारियों का इलाज़ शुरुआत में ही कर लेना ठीक रहता है। देर होने पर गुंजाइश ख़त्म हो जाती है।

आचरण को अच्छा रखने के लिए सभी धर्मों ने एक सहारा शास्त्रों को भी बताया है। शास्त्र पढ़ने से विचारों की अस्पष्टता ख़त्म होती है, भ्रम दूर होता है, सोच परिपक्व हो जाती है। लेकिन शास्त्रों के साथ एक ख़तरा यह है कि इन्हें अज्ञान और निजी स्वार्थ से प्रेरित होकर नहीं पढ़ना चाहिए।

तर्क और जिज्ञासा हो इसमें कोई दिक़्कत नहीं है, क्योंकि कुछ शास्त्र तो लिखने वालों ने अपनी दिव्यता की स्थिति में पहुँचकर ही लिखे हैं। उनके शब्द शत-प्रतिशत निर्दोष रहते हैं। झंझट शुरू होती

है हमारी व्याख्या से। हम हर शास्त्र की व्याख्या अपने निजी स्वार्थ को ध्यान में रखकर शुरू कर देते हैं और सब कुछ बिगड़ ही नहीं जाता बल्कि विकृत भी हो जाता है। हमारी व्याख्या हमारी सुविधा से होती है और पहली सुविधा आदमी यह चाहता है कि शास्त्र पढ़कर ज्ञान मिल जाए, उसे आचरण में उतारना ज़रूरी नहीं है। इसलिए परिवारों में शास्त्र अध्ययन का परिणाम आचरण होना चाहिए।

घरों में केवल वाणी से बच्चे नहीं सुधारे जा सकते। परिवार के मुखिया या बड़ों को अपना आचरण इतना दिव्य बनाना पड़ेगा कि दीपक से दीपक जल सके। जब पुरानी पीढ़ी ऐसी ही ज्योति नई पीढ़ी को दे पाएगी तब इसी का नाम सदाचरण होगा।

परिवार को कोई एक सदस्य भी दुर्गुणी हो तो पूरा परिवार दुख पाता है। दुर्गुण कदाचरण से आते हैं इसलिए ऐसी बीमारियों का इलाज़ शुरुआत में ही कर लेना ठीक रहता है। दुर्गुणों को दूर रखने का एक उपाय है शास्त्र अध्ययन। इससे विचारों की शुद्धता के साथ आचरण भी दिव्य होता है।

37

परिवार की अनिवार्य दिनचर्या हो पूजा और ध्यान

कोई भी बात यदि आचरण में नहीं उतरी तो शब्द वाणी विलास ही रहेंगे फलदायी नहीं होंगे। आचरणहीन शब्द संसार को धोखा दे सकते हैं, परंतु परमात्मा से कैसे छुपाओगे। इसीलिए संतों ने कहा है, 'जो कहा वह करो, भीतर कुछ बाहर कुछ मत रहो।' मन, वचन और कर्म में एकरूपता परमात्मा की पसंद है।

हम केवल परिवार की बात करें। इन दिनों अधिकांश परिवार अशांति का केंद्र और उपद्रव के अड्डे बन गए हैं। हर सदस्य अपने हिसाब से दूसरे सदस्यों से मान, सहयोग और प्रेम चाहता है। सारे रिश्ते लेन-देन की डोर में बँध गए हैं। उस पर आधुनिक जीवनशैली ने सुविधाओं से ज्यादा मुग़ालता दे दिया। आज जिसे देखो उसे मुग़ालता है कि जो हम कर रहे हैं वही सही है।

अकबर इलहाबादी ने एक बढ़िया बात कही थी - *हमको नई कशिश के हलके जकड़ रहे हैं, बातें तो बन रही हैं पर घर बिगड़ रहे हैं।* घर में हर सदस्य अपने शिक्षित होने पर स्वयं को ज्ञानवान और अन्य को मूर्ख समझने का पहला दावा ठोकता है। परिवारों को अध्यात्म से जोड़ा जाए। पूजा और ध्यान परिवार की अनिवार्य दिनचर्या बना दी जाए। ये दोनों काम बच्चों की शिक्षा को जानने से अधिक जीने का विषय बना देंगे।

फ़क़ीरों ने कहा है कि थोड़ा जानो, ज़्यादा जीओ। आज आदमी जीना तो भूल ही गया है, बस वक़्त गुज़ार रहा है। इसीलिए सब तरह से संपन्न लोग भी समय के मामले में कंगाल नज़र आते हैं। जो लोग दांपत्य जीवन को आनंद से बिताना चाहते हैं उन्हें इस गृहस्थ जीवन के सत्य को जानने से अधिक जीने की कला आना चाहिए।

जीने की कलाओं में एक है मन, वचन तथा कर्म से अपने परिवारों में एक रहें। बाहर दिए जा रहे धोखे का खेल घर में नहीं खेलें। दुनियादारी में जीतने, विजयी होने का सुख है तो घर में, परिवार में जीने का आनंद है।

मन, वचन और कर्म में एकरूपता परमात्मा की पसंद है। संतों ने भी कहा है कि जो कहा वह करो, भीतर कुछ बाहर कुछ मत रहो। सुख-शांतिपूर्वक जीवन जी लेना भी एक कला है। जो लोग दांपत्य जीवन को आनंद से बिताना चाहते हैं उन्हें इस गृहस्थ जीवन के सत्य को जानने से अधिक जीने की कला आना चाहिए।

38

प्रकृति से कटेंगे तो अशांति के सिवाय कुछ नहीं मिलेगा

'आज जिसे देखो वह परेशान है...।' आए दिन यह संवाद हम बोलते हैं और महसूस भी करते हैं। केजी वन के छात्र से लेकर कार्पोरेट जगत में सफल से सफल व्यक्ति भी अपने-अपने हिसाब से टेंशन में है। इसका कोई एक कारण हो तो आदमी पकड़कर निदान भी निकाल ले लेकिन मामला एक से अधिक का है, और उनमें से एक यह है कि हम प्रकृति से कट रहे हैं। प्रकृति से जुड़ने में ही शांति है। इस जगत से हमारा पहला नाता बनाया है जन्म देने वाली माता ने। प्रकृति का प्रतिनिधि रूप है धरती और इन दोनों का साकार स्वरूप है गाय। इस वक़्त ये तीनों ही माताएँ उन्हीं के पुत्रों के स्वार्थ और संवेदनहीनता का शिकार हो रही हैं।

गोसेवा हमारे रोज़मर्रा के काम में या कहें कि पूजा के क्रम में अनिवार्य रूप से शामिल होना चाहिए। यह किसी पशु प्रेम का ही मामला नहीं है। गाय की उपस्थिति हमें जीवन, जन्म देने वाली माँ और समूची प्रकृति से स्वत: जोड़ देती है। मनुष्य की आत्मा का पूर्व रूप है गाय की आत्मा। गाय की आँखों में नज़र डालकर खड़े रहें तो ध्यान हो जाता है।

योगियों का दावा ग़लत नहीं है कि यदि ध्यान में बाधा हो रही हो तो आँखें बंद कर अपनी जन्म देने वाली माँ का ध्यान करो।

परिणाम सही मिलने लगते हैं तथा धरती की गोद में बैठकर तो तन, मन, धन तीनों का आनंद आसानी से मिल ही जाता है।

इन तीनों के प्रति सद्भाव और सेवा किसी धर्म विशेष का नहीं पूरे जीवन से जुड़ाव का विषय है। जिनके पास इन तीनों के आशीर्वाद की पूँजी होगी उनके पास निश्चित रूप से शांति के ख़ज़ाने की चाबी रहेगी, जीवन में शांति की कोई कमी नहीं रहेगी।

हमारी अशांति का एक कारण प्रकृति से कटना भी है। गाय भी प्रकृति का ही एक रूप है। इसलिए गोसेवा हमारे रोज़मर्रा के काम में अनिवार्य रूप से शामिल होना चाहिए। गाय की आँखों में नेज़र डालकर खड़े रहें तो ध्यान हो जाता है।

39

गेहूँ की बाली भी गन्ने सी मीठी हो सकती है

आदमी परिवार इसलिए बसाता है कि संसार से जो असहमति और अशांति मिलती है उसकी भरपाई गृहस्थी में कर ले। पर कभी-कभी जब उल्टा होता है तो दांपत्य बोझ लगने लगता है और वह वापस संसार की ओर भागता है। परिवारों में रिश्तों की खेती के अपने-अपने बीज होते हैं, इसीलिए फ़सल भी सबकी अलग-अलग उगती है। यदि स्वाद लेना ठीक से आ जाए तो समझ लें गेहूँ की बाली में भी गन्ने की मिठास आ सकती है।

गृहस्थी और संसार एक-दूसरे से जुड़े हुए हैं। दुनियादारी में जो विचलन होता है उससे पारिवारिक जीवन प्रभावित होता ही है। एक काम करने का अभ्यास करें। हमारे भीतर भी एक दुनिया है जिसे अध्यात्म ने स्वलोक नाम दिया है। स्वलोक यानी अपने अन्तःकरण का संसार। यहाँ उतरते ही हम अपनी आंतरिक शक्तियों को पहचान लेंगे।

भीतर उतरना शारीरिक क्रिया से अधिक मानसिक गतिविधि है। चिंतन की सीढ़ियों से भीतर उतरा जाता है। जूना पीठाधीश्वर स्वामी अवधेशानंदजी को देखकर बहुत कुछ समझ सकते हैं। उनका व्यवहार, वाणी और लक्ष्य बड़े संतुलित लगते हैं। सबका ध्यान और संतुष्ट रखने में वे अद्भुत संपन्न हैं पर उसी समय वे स्वयं के भीतर

जाने में भी तत्पर दिखते हैं।

बात-बात में वे हमेशा दोहराते हैं कि अच्छा करने के लिए अच्छा सोचना आवश्यक है। शुभ संकल्प से संसार में सब कुछ पाया जा सकता है। इसका अर्थ है अपना मंथन आप करें। परिवार में रहते हुए स्वलोक में जीना सीख जाएँ।

ध्यान रखें जो अपने से जुड़ जाता है वह बाक़ी सबसे कटता नहीं है, बल्कि उसके लिए जुड़ाव के अर्थ बदल जाते हैं। मोह और राग प्रेम व वैराग्य में बदलने लगते हैं। जिन्हें भावों का रूपांतरण करना आ गया समझ लें उन्हें अपने परिवार में वैकुंठ उतारना आ गया इसका एक सरल तरीक़ा है घर में ज़रा मुस्कराइए... सदा मुस्कराइए...।

संसार से मिलने वाली असहमति और अशांति की भरपाई गृहस्थी से हो सकती है। गृहस्थी और संसार एक-दूसरे से जुड़े हैं। दुनियादारी में जो विचलन होता है उससे पारिवारिक जीवन प्रभावित होता ही है। जब भी ऐसी स्थिति बने, अन्तःकरण के संसार यानी हमारी भीतरी दुनिया में उतरने का प्रयास किया जाए।

40

प्रेम के झरोखे से परमात्मा झलकता है

कोई भी परिवार, कोई भी गृहस्थी तब ही शांत, आनंदमय और दिव्यता में रहेगी जब उस परिवार का आधार आपसी प्रेम होगा। प्रेम वह झरोखा है जिससे परमात्मा झलकता है। इसलिए अपने परिवार को प्रेम पर खड़ा कीजिए। प्रेम परमात्मा की व्यवस्था है और विवाह आदमी का इंतज़ाम है।

हम अपने प्रयासों से विवाह कर लें और फिर परिवार को परमात्मा को सौंपें तो प्रेम का जन्म होगा। जिन परिवारों से प्रेम लुप्त हो गया है उन परिवारों के लोग विकृत, अधार्मिक और हिंसक हुए हैं, वे परिवार अधर्म तथा अशांति का अड्डा बन गए हैं।

जब परिवार से प्रेम ग़ायब हो जाए तो गृहस्थी में संघर्ष, कलह, द्वेष, ईर्ष्या और उपद्रव का प्रवेश हो जाता है। इसलिए परिवार के केन्द्र में परमात्मा होना चाहिए। परंतु आज इसके केन्द्र में निजी स्वार्थ, अहंकार तथा मैं बड़ा-तू छोटा का भाव है। इसका परिणाम यह होता है कि परिवार के सदस्य प्रेम के भूखे रह जाते हैं और जिन्हें प्रेम नहीं मिलता वह व्यक्ति तड़पता हुआ, अतृप्त और बेचैन हो जाता है।

तड़पता हुआ व्यक्ति समाज में अनाचार पैदा करता है। जब किसी आदमी को परिवार में प्रेम नहीं मिलता, उसके दांपत्य से प्रेम ख़त्म हो जाता है तो वह फिर एक मिथ्या प्रेम की तलाश में घर से

बाहर निकल जाता है। दुनिया में वेश्याएँ असफल दांपत्य के कारण ही पैदा हुई हैं। परस्त्री और परपुरुष गमन जैसी दुर्घटनाएँ प्रेम के अभाव का ही परिणाम होती हैं।

ऐसे दांपत्य से जब संतानों का जन्म होता है तो वे अधूरे बच्चे समाज में विकृति ही फैलाते हैं। इसलिए जिन माता-पिता को संतान उत्पन्न करना है वे अपने दांपत्य और उसके बाद परिवार का आधार प्रेम रखें।

परिवार या गृहस्थी तब ही शांत और आनंदमय रहेगी जब उसका आधार आपसी प्रेम होगा। परिवार से प्रेम ग़ायब होते ही गृहस्थी में संघर्ष, कलह, उपद्रव का प्रवेश हो जाता है। प्रेम के अभाव में व्यक्ति तड़पता हुआ, अतृप्त और बेचैन हो जाता है।

41

मानसिक ही नहीं, हमारी पारिवारिक आवश्यकता है सत्संग

आजकल सभी धर्मों में कथा, प्रवचन, सत्संग की होड़ लगी है। हम लोगों ने इन आयोजनों को एक पारंपरिक, पारिवारिक और प्रतिष्ठा का धार्मिक प्रयोजन बना दिया है। कथा आरंभ होती है, समाप्त हो जाती है। सत्संग क्लब की तरह उपयोग में लाए जा रहे हैं जबकि हर कथा और उसके प्रवचन के पीछे भाव यह है कि जीवन में सत्य उतरे।

उन कथाओं में जो प्रसंग आते हैं यदि उनके भाव को ठीक से समझा जाए तो स्पष्ट संदेश निकलकर आता है कि यह परमात्मा के अन्वेषण की कथा है। इसमें विशेषता यह होती है कि जीवन के साथ भगवान जोड़े जाते हैं। जीवन को भगवान का टेका, सहारा, आधार और बल दिया जाता है।

सत्संग के दो उद्देश्य हैं - पहला अपने संकल्प की विस्मृति न हो और दूसरा स्वयं को जानने की ललक बनी रहे। जीवन में जो भी अपने संकल्प को विस्मृत करेगा, जब-जब भी उसको भूल जाएगा तब-तब वह परेशानी में पड़ेगा।

जिस समय, जिस दिन, जिस स्थान पर, जिस आयोजन में ऐसी कथाएँ की जाती हैं उसका अर्थ यह है कि आज हम संकल्पित हो रहे हैं कि अपने जीवन में परमात्मा को उतारेंगे। इसलिए कथा मात्र

प्रतिष्ठा का आयोजन नहीं है। कथा में बैठकर समाज के सामने, परमात्मा को साक्षी रखकर, अपने अंतरहृदय में, अपनी अंतरआत्मा के सामने, अपने समस्त ज्ञान, पूजा, तप के साथ हम यह संकल्प ले रहे होते हैं कि जीवन में परमात्मा उतरेगा। नख से शिख तक उतरेगा।

मस्तक में ईश्वर आएगा, नेत्र से भगवान देखेंगे, वाणी से प्रभु प्रकट होंगे, उदर में, उर में परम शक्ति का निवास कराएँगे और तभी आचरण से सत्य का पालन कर सकेंगे। सत्संग श्रवण से केवल श्रावक ही प्रभावित हो ऐसा नहीं है। श्रोता अगर उसकी सीख को, उसके भावों को आत्मसात कर ले तो उसका लाभ उसके पूरे परिवार को ही मिलता है। इसलिए आज सत्संग हमारी पारिवारिक आवश्यकता भी है।

सत्संग के दो उद्देश्य होते हैं - संकल्प की विस्मृति न हो और स्वयं को जानने की ललक बनी रहे। जीवन में जो भी अपने संकल्प को विस्मृत करेगा वह परेशानी में पड़ेगा। सत्संग श्रवण से केवल श्रावक ही प्रभावित नहीं होता। यदि उसकी सीख, उसके भावों को आत्मसात कर लिया जाए तो उसका लाभ पूरे परिवार को मिलता है।

42

सबके साथ रहें, सबको साथ लेकर चलें

एक चित्र मुझे बहुत याद रहता है और आप में से कई लोगों की स्मृति में भी होगा। एक गड़रिया अपने कंधे पर एक लूली-लंगड़ी भेड़ को लादे हुए भेड़ के झुंड को हाँक रहा है। यह चित्र एक बहुत बड़ा संदेश दे रहा है। इस कमज़ोर भेड़ को वह जंगल में नहीं छोड़ देता। अपने कंधे पर रखकर उसे सुरक्षित लाता है।

यह कहानी घर-परिवार के सदस्यों के लिए बड़े काम की है। हमारे घर में कई सदस्य कमज़ोर रह जाते हैं। कुछ तो स्वभाव से, कर्म से कमज़ोर होते हैं तो कुछ को हालात तोड़ देते हैं। ऐसे समय में हमें चाहिए कि हम अपने कंधों को मज़बूत रखें, और उनके लिए काम आने का भी ध्यान रखें। परिवार में एक दूसरे का सहारा ही सबसे बड़ी ताक़त है। कुदरत की मार की सूई कब किसकी ओर मुड़ जाए पता नहीं चलता। ऐसे में अपनेपन का अहसास भी सहारा बन जाता है।

उस गड़रिए ने कमज़ोर भेड़ को कंधे पर रखकर यह बता दिया कि अपनों को राह में अकेले छोड़ा नहीं जाता। यदि आप माँ-बाप हैं तो कमज़ोर बच्चे को आपके होने का भरपूर अहसास कराएँ। अपनी संतानों ने कमज़ोरी के कारण अपराध किया है तो न्यायाधीश बनकर दंड नहीं दीजिए। यहाँ आपको उसे मिटाने की जगह उसके भीतर की बुराई मिटाना है। घर-परिवार में सबूत, गवाह और क़ानून की

धाराओं की तरह अंधे फ़ैसले नहीं किए जा सकते। आपके फ़ैसलों में आपके वंश का भविष्य छुपा है। इसलिए गड़रिए के चित्र से ख़ुद को समझाएँ कि सबके साथ रहें, सबको साथ लेकर चलें तो परिवार कभी नहीं टूटेगा।

परिवार में एक-दूसरे का सहारा ही सबसे बड़ी ताक़त है। घर-परिवार में सबूत, गवाह और क़ानून की धाराओं की तरह अंधे फ़ैसले नहीं किए जा सकते। यदि संतान कमज़ोरी के कारण अपराध करती है तो न्यायाधीश बनकर दंड न दिया जाए। उसे मिटाने की बजाय उसके भीतर की बुराई मिटाएँ।

43

प्रेम बचाएँ, परिवार भी बचेगा

आज के समय में परिवार को बचाए रखने में बड़ी ताक़त लगती है। पहले किसी एक वरिष्ठ सदस्य के पास नेतृत्व होता था और पूरा परिवार उसके पीछे चलता था। नेतृत्व उसके पास इसलिए भी था कि वो ही कमाने वाला होता था और अक्ल का ठेका भी उसी के पास था। फिर परिवार में शिक्षा का प्रवेश हुआ। अक्ल के कई टीले बन गए। कमाई के अलग-अलग दरवाज़े हो गए और यहीं से परिवार में हर व्यक्ति अधिकार सम्पन्न होने लगा।

अपने-अपने अधिकार के साथ एक-दूसरे की सेवा करने की जगह अहंकार टकराने लगे। भारत के परिवार लंबे समय तक एक रहे उसके पीछे कारण था आपस का प्रेम। प्रेम तो ऐसा ग़ायब हुआ कि उसने परिवारों की तरफ़ मुड़कर देखना ही बंद कर दिया। अब यदि हम भारत के परिवारों के सदस्यों से कहें कि प्रेमपूर्ण हो जाएँ तो थोड़ा मुश्किल लगता है।

आजकल हर बात का सब्सटीट्यूट आ गया। एक काम करें करुणा, दया, सहानुभूति और अपनापन इन चारों को परिवार में बचाने की कोशिश की जाए, क्योंकि प्रेम के लिए हृदयपूर्ण होना पड़ेगा और आजकल लोग घरों में दिल से अधिक दिमाग़ से रहते हैं। दिमाग़ एक-दूसरे को नीचा दिखाने में रुचि रखता है। करुणा, दया, सहानुभूति और अपनापन इनमें ऊँच-नीच चलती रहती है। इन चारों

का प्रयोग लोग अपने को उठाने के लिए ही करते हैं, जबकि प्रेम समानता मांगता है।

हमें हर हालत में अपने परिवार बचाना है। अच्छा तो यही होगा कि प्रेम बचाया जाए, पर यदि कोई सदस्य हठ पर उतर आए, कुबुद्धि मस्तक पर नाचने लगे तो भी उसे अपने से दूर नहीं करें। इन चारों का प्रयोग करके परिवार के सूत्रों की गाँठ खुलने नहीं दें।

प्रेम परिवार का आधार है। प्रेम के ही कारण भारत के परिवार लंबे समय तक एक रह सके। करुणा, दया, सहानुभूति और अपनापन ये भी प्रेम की भिन्न रूप हैं। इन चारों का प्रयोग कर अब भी परिवार बचाए जा सकते हैं।

44

केन्द्र में प्रेम हो तो विरोध की संभावनाएँ समाप्त सी हो जाती हैं

राजा दशरथ द्वारा कैकयी को दिए वचन के अनुसार भगवान राम को वनवास जाना था। वे चाहते थे कि सीताजी माँ कौशल्या के पास रुक जाएँ लेकिन सीताजी उनके साथ जाना चाहती थीं। कौशल्याजी भी चाहती थीं सीता नहीं जाएँ। सास, बहू और बेटा ऐसा त्रिकोण यहाँ पैदा हो गया था। दुनिया में इस रिश्ते ने कई घर बना और बिगाड़ दिए। लेकिन रामजी के धैर्य, सीताजी की सूझ और कौशल्याजी की समझ ने रघुवंश का इतिहास बदल दिया।

देव अवतारों की ये घटनाएँ हमें अपने पारिवारिक जीवन की छोटी-छोटी बातों में बड़े-बड़े संदेश दे जाती हैं। परिवारों में सास-बहू, पति-पत्नी के संबंधों में जो विच्छेदन आता है उसका बड़ा मनोवैज्ञानिक संकेत है।

जब किसी परिवार में कोई किसी पर निर्भर होता है तो परिवार के अन्य सदस्यों को लगता है कि हम उसकी ज़रूरतें पूरी कर रहे हैं। माता-पिता बच्चों को जब बड़ा करते हैं तो वे इसलिए प्रसन्न रहते हैं कि बच्चे उन पर निर्भर हैं। जैसे ही बच्चे बड़े हो जाते हैं तो वे अपना काम ख़ुद करने लगते हैं, उनका अपना संसार बस जाता है। अब वो माता-पिता पर निर्भर नहीं रहते। तब एक मनोवैज्ञानिक दबा-छिपा अन्त:विरोध शुरू होता है।

सास-बहू के झगड़े का एक कारण यह भी होता है कि सास सोचती है कि इस बेटे को जो सदा से मेरे ऊपर निर्भर था, मुझे उसे बुद्धिमान बनाने में 25 साल लगे और इस नई औरत ने पाँच मिनट में उसको बुद्धू बना दिया। जो बेटा सदा से मुझ पर निर्भर था वह आज इस पर निर्भर हो गया।

यही हाल पति-पत्नी के होते हैं। वे भी एक-दूसरे को अपने पर निर्भर करना चाहते हैं। दांपत्य का आधार प्रेम होना चाहिए। हम पहले भी यह बात कर चुके हैं कि जिस परिवार के केन्द्र में प्रेम होगा वह परिवार अहंकार रहित होगा। उसमें बड़ा-छोटा, तेरा-मेरा नहीं होता तथा परस्पर मतभेद या विरोध की संभावना समाप्त सी हो जाती है।

परिवार की शांति के लिए ज़रूरी है धैर्य, सूझ और समझ। सदस्यों में परस्पर असहमति, मतभेद स्वाभाविक हैं। अगर ये तीनों चीज़ें हैं तो परिवार टूटने से बच सकता है। वनगमन के पूर्व श्रीराम, सीता व कौशल्या का संवाद इसका उदाहरण है।

45

साधक को निर्णय का पूरा अवसर देते हैं हनुमानजी

प्रशंसा वो मदिरा है जो कानों से पिलाई जाती है। हनुमानजी को अपनी प्रशंसा सुनना प्रिय नहीं था लेकिन तुलसीदासजी ने *हनुमानचालीसा* की 14वीं और 15वीं चौपाइयों में लिखा है - *सनकादिक ब्रह्मादि मुनीसा, नारद सारद सहित अहीसा। जम कुबेर दिगपाल जहां ते, कबि कोबिद कहि सके कहाँ ते।*

हे हनुमानजी, आपका यश कौन गा सकता है। श्री सनक, सनातन, सनंदन, सनतकुमार आदि मुनिगण, ब्रह्मा आदि देवगण, नारद, सरस्वती, शेषनाग, यमराज, कुबेर जैसे बुद्धि-शक्ति संपन्न और समस्त दिग्पाल आपका यश गाने में असमर्थ हैं। फिर सांसारिक विद्वान, कवियों की तो बात ही क्या करें। तुलसीदासजी ने पूरे *श्रीहनुमानचालीसा* में इस बात का ध्यान रखा कि श्री आंजनेय अपनी स्तुति से नाराज़ नहीं हो जाएँ। प्रशंसा यदि श्रीराम से जोड़कर हो तो उन्हें फिर भी मान्य है।

अपनी प्रशंसा नहीं सुनने के स्वभाव के विपरीत *श्रीहनुमान चालीसा* की पंक्तियों को श्रीहनुमानजी ने इसलिए मान्यता दे दी कि वे अपने भक्तों को, साधकों को निर्णय लेने का पूरा अवसर देना चाहते हैं।

यह जीवन प्रबंधन का एक महत्वपूर्ण सूत्र है। यदि इन पंक्तियों

से अपने साधकों में नैतिक साहस और नई उत्तेजना पैदा होती है तो यह यशगान श्री आंजनेय को स्वीकार है।

मामला संसार का हो या परिवार का, प्रबंधन में एक नियम है कि आपके अधीनस्थ या सहायक आपका कहना तब ही मानेंगे या आपके निर्णयों को स्वीकार तभी करेंगे जब कि उन्हें यह भरोसा हो कि आप उनसे अधिक योग्य हैं तथा समय आने पर आप उनका सही मार्गदर्शन कर सकेंगे।

मामला परिवार का हो या अन्य किसी क्षेत्र में प्रबंधन का, नेतृत्व की योग्यता बहुत मायने रखती है। आपके अधीनस्थ आपकी बात तब ही मानेंगे या आपके निर्णयों से संतुष्ट तब ही होंगे जब कि उन्हें भरोसा हो कि आप उनसे अधिक योग्य हैं।

46

अमूल्य धरोहर होते हैं परिवार के बुजुर्ग

हम अपने परिवारों में भौतिक सुविधाओं को जितना चाहें जुटाएँ उससे कुछ अधिक उसे प्रेम और श्रद्धा से भी भरें। हर घर में बड़े-बूढ़े होते हैं। अब जो बुढ़ापा आ रहा है उसे धन-दौलत, सुख-सुविधा से ज़्यादा समय की जरूरत है। वे चाहते हैं कुछ पल परिवार के सदस्य उनके पास बैठें। छोटे बच्चों पर प्रेम करना आसान है परंतु घर के बुजुर्गों से प्रेम करना बड़ा कठिन हो जाता है।

घर की युवा और प्रौढ़ पीढ़ी के रूप में आप चाहेंगे कि बुजुर्ग आपकी आज्ञा मानें। क्योंकि इस समय आप उनका लालन-पालन कर रहे होते हैं। कई वृद्ध समझ नहीं पाते और वे चाहते हैं कि आज्ञा तोड़ें, क्योंकि जहाँ आज्ञा मनवाने में नई पीढ़ी के अहंकार की तृप्ति है वहीं आज्ञा तोड़ने में बीत रही पीढ़ी के अहंकार की तृप्ति है। बुजुर्गों को कभी-कभी लगने लगता है कि हमारे बच्चों का प्रेम एक धोखा है, प्रेम के नाम पर वे उनका शोषण कर रहे हैं।

परिवार में बड़े बच्चों से प्रेम करें तो कोई बड़ी बात नहीं, महत्व की बात तब होती है जब बच्चे बड़ों के प्रति प्रेम से भर जाएँ। यह तभी संभव है जब हमारे परिवार का मूल चित्त श्रद्धा से भरा हो। इसलिए परिवार के आधार में, परिवार का प्रत्येक सदस्य श्रद्धा और प्रेम से भरा रहे। तभी दोनों पीढ़ियाँ एक-दूसरे से प्रेम से जुड़ी रहेंगी, उनमें आदर और सम्मान बना रहेगा।

इस युग में हर बच्चे को यह लग रहा है कि हम जो सीख रहे हैं या सीखा है उसमें माता-पिता की कोई भूमिका नहीं है, हमने ख़ुद अर्जित किया है। इसलिए आजकल लोग घर के बड़े-बूढ़ों के पास नहीं बैठते, क्योंकि वे मानते हैं कि उन्हें जो चाहिए वह पहले से उनके पास है।

लेकिन इतना ज़रूर याद रखना कि ये बड़े-बूढ़े हमारे घर की, परिवार की शान होते हैं। उनकी एक-एक साँस आशीर्वाद से भरी होती है। उनका ज़रा सा आशीर्वाद फल जाए तो जीवन सँवर सकता है। परिवार के बुजुर्ग हमारी अमूल्य धरोहर होते हैं।

घर के बुजुर्गों को भी बाक़ी लोगों से प्रेम की उम्मीद होती है। परिवार में बड़े बच्चों से प्रेम करें तो कोई बड़ी बात नहीं, महत्व की बात तब होती है जब बच्चे बड़ों के प्रति प्रेम से भर जाएँ। इसके लिए श्रद्धा भाव होना चाहिए।

47

जिसने रिश्ते बचा लिए, समझो जीवन बचा लिया

रिश्तों में जितना महत्व संवेदनाओं का है उतना ही श्रद्धा का भी है। भारतीय संस्कृति में हिंदुओं ने श्राद्ध के रूप में अपनी बीती पीढ़ी को याद रखने का अद्‌भुत प्रयोग किया है। ऋषियों ने इसे केवल कर्मकांड नहीं माना है। यह पुनीत स्मृतियों का क्रिया रूप है। अपने मूल के प्रति आभार व्यक्त करने का विनम्र तरीक़ा है। श्रद्धा सिर्फ़ इस बात पर आधारित होगी कि माता-पिता एक उद्‌गम हैं, एक स्रोत हैं, एक आरंभ हैं। हम जहाँ से आए हैं वह केन्द्र हमारे माता-पिता हैं।

हम कितने ही बड़े हो जाएँ, हमारा अहंकार कितना ही प्रतिष्ठित हो जाए, हम संसार को कितना ही जान लें परंतु हमारे मूल, उद्‌गम, माता-पिता के सामने हमें झुकना ही है। क्योंकि कोई भी, कभी भी अपने उद्‌गम से परे नहीं जा सकता। बीज कभी भी वृक्ष से बड़ा नहीं होता।

यह भाव मनुष्य को माता-पिता के प्रति आदर कराएगा। इसलिए संतान सदैव माता-पिता के प्रति श्रद्धा का भाव बनाए रखें। जिस समाज में माता-पिता के प्रति श्रद्धा कम हो जाएगी उस समाज में ईश्वर का भाव ही खो जाता है।

ओशो ने एक जगह कहा है ईश्वर एक मूल है, एक आदि, उद्‌गम है, वह प्रेम स्रोत है और जब हम पिता को स्रोत नहीं मानेंगे तो

परमपिता को, उद्‌गम स्रोत को कैसे मानेंगे? तो पीछे की ओर, मूल की ओर, उद्‌गम की ओर सम्मान का बोध अत्यंत विचार और विवेक की निष्पत्ति है, वह प्रकृति से नहीं मिलती, विमर्श, चिंतन और ध्यान से मिलती है।

इसलिए श्राद्ध का अर्थ है श्रद्धा का अपने जीवन में उदय होना। श्रद्धा जब रिश्तों में उतरती है तो रिश्ते बहुत प्यारा रूप ले लेते हैं। आज भागदौड़ के युग में जिन्होंने रिश्ते बचा लिए समझ लीजिए कि उन्होंने जीवन बचा लिया।

श्राद्ध श्रद्धा की परिणाम है। यह मात्र कर्मकांड नहीं बल्कि हमारे पितरों की पुनीत स्मृतियों का क्रिया रूप होता है। श्रद्धा जब रिश्तों में उतरती है तो रिश्ते बहुत मधुर हो जाते हैं। कोई कितना ही बड़ा हो जाए, संसार को कितना ही जान ले परंतु माता-पिता के सामने हमें झुकना ही है।

48

मद और अहंकार हमें परमात्मा से दूर कर देते हैं

हम गृहस्थी में रहकर भी वैराग्य साध सकते हैं। इसका यह अर्थ नहीं है कि गृहस्थी को ही त्याग दें, अपनी कहीं अलग कुटिया बना लें। समझ लें छोड़ना क्या है। मद और पद यह दो बातें गृहस्थी में भी रहती हैं। मद दो अर्थ रखता है। जब किसी में बहुत तीव्रतम गौरव या अभिमान हो तो मद कहलाता है। दूसरी ओर शराब के लिए भी मद शब्द का प्रयोग होता है। मद और शराब व्यावहारिक अर्थों में एक-दूसरे से मिलते हैं। शराब पीने पर व्यक्ति अपने आपको भूल जाता है और नशा उतरने पर वास्तविकता का बोध होता है।

मद केवल बाज़ार में मिलने वाली शराब में ही नहीं होता। मद अनेक वस्तुओं का होता है। विद्या, धन, बल, पद, राज इनको पाकर भी आदमी शराबी की तरह झूम जाता है। पद की वृत्ति गृहस्थी या परिवार को कई तरीक़े से तकलीफ़ में डालती है। यही मद फिर सास, बहन, पिता, पुत्र, पुत्रवधु के रूप में काम करता रहता है, क्योंकि ये सब पद हैं। मेरा अधिकार, मेरा क्षेत्र। अब देखिए पद और मद में कई साम्य हैं।

पद लिखा हो और प की ज़रा सी घुंडी घुमा दीजिए तो पद का मद बन जाता है। जीवन में पद ज़रा सा अहम से जुड़ा कि मद में

बदल जाता है। इसलिए परिवार में पद तथा मद से बचें। जब प्रेम सधता है तो पद और मद मरता है।

गृहस्थी में एक और बात आवश्यक हो जाती है। मद और अहंकार हमें परमात्मा से दूर कर देते हैं। अहंकारी व्यक्ति हमेशा भयभीत रहता है और भय कैसा कि मेरा 'मैं' कहीं आहत नहीं हो जाए। उसे भय बना रहता है कि मेरे सम्मान में, मेरे हिस्से में, मेरी वस्तु पर कोई अधिकार नहीं कर ले। यदि सास का अहंकार है तो वह बहू से भयभीत है। यदि बहू का अहंकार है तो वह सास से परेशान है। निरंहकारिता से शांति आती है।

गृहस्थी में रहकर भी वैराग्य को साधा जा सकता है। वैराग्य का मतलब है पद और मद से विरक्ति। परिवार में पद तथा मद से बचने का एक तरीका है प्रेम। जब प्रेम सधता है तो पद और मद मरता है।

49

भक्ति का दूसरा नाम है भरोसा

जीवन में दो बड़े ख़तरे हैं। ज्ञान का ख़तरा अहंकार और भक्ति का ख़तरा आलस्य। आज के विकास के युग में आलस्य अपराध है। घोर परिश्रम के दौर में आलस्य दुर्गुण बनकर लगातार हमारी परिश्रमी वृत्ति पर प्रहार करता है। भक्त होना एक योग्यता है। भक्ति को केवल क्रिया नहीं मानें यह जीवन शैली है।

फ़क़ीरों ने भक्ति को बीज बताते हुए कहा है कि ऐसा बीज कभी भी निष्फल नहीं जाता। युग बीत जाने पर भी इसके परिणाम में फ़र्क़ नहीं आएगा। *भक्ति बीज पलटे नहीं, जो जुग जाय अनंत।* कबीर एक जगह कह गए हैं कि इस सीढ़ी पर लगन और परिश्रम से चढ़ना पड़ता है। *जिन-जिन मन आलस किया, जनम जनम पछिताय।*

साधना के मार्ग में आलस्य कभी-कभी सीधे प्रवेश नहीं करता, वह रूप बनाकर भी आता है। संदेह, नास्तिकता ये भी आलस्य की शक्लें होती हैं। भक्ति के मार्ग पर चलते हुए कई भक्तों को यह भी लगता है कि हम जिस राह पर हैं वह सही भी है या नहीं? जीवन में सही ग़लत को पहचानना भी बड़ी चुनौती है।

आस्तिकता का एक रास्ता है और नास्तिकता के दस। भरोसे की एक किरण हाथ लगती है तो संदेह का बड़ा अंधकार आ घेरता है। इसी चक्कर में लोग नास्तिक हो जाते हैं। हर धर्म के महात्माओं, फ़क़ीरों ने इस झंझट से बचने का एक सरल तरीक़ा बताया है, वह है

भरोसा।

भरोसा उस मालिक का करो और उससे कहो कि जो मार्ग, जो जीवनशैली आप तय कर दें उसी पर हम चल देंगे। इस निर्णय से हम कहीं पहुँच भी जाएँगे। वरना जीवनभर भटकते रहेंगे।

भक्ति का दूसरा नाम भरोसा हो जाता है और हमारे भीतर निष्कामता आ जाती है। करने वाले हम होते हैं कराने वाला दूसरा। यहीं से आज के कर्मयुग में शान्ति प्राप्त हो जाएगी। भक्त अशांत हो ऐसा संभव नहीं है। अतः एक बार भक्ति को भरोसे से जोड़ दें।

साधना के मार्ग में आलस्य बड़ी बाधा है जो कि अक्सर रूप बदल कर सामने आता है। संदेह, नास्तिकता ये आलस्य के रूप हैं। हर धर्म के गुरुओं ने आस्तिकता - नास्तिकता के झंझट से बचने के लिए भरोसे को सही रास्ता बताया है।

50

ज़रा मुस्कराइए, सदा मुस्कराइए...

इस समय हमारे पारिवारिक जीवन में जितनी समस्याएँ चल रही हैं उसमें एक बड़ी समस्या है इमोशनल अब्सेंस। संवेदनाओं के अभाव के कारण घर के सदस्य एक-दूसरे के प्रति रूखे और सूखे हो गए हैं। अब तो कई घरों में हो रही बातचीत सुन और देखकर ऐसा लगता है जैसे किसी मॉल के काउंटर पर लेन-देन हो रहा है या किसी कॉर्पोरेट ऑफ़िस की केबिन में मीटिंग हो रही है या पेढ़ी पर ब्याज-बट्टे का हिसाब चल रहा है। घर-परिवार का हर सदस्य अपना सौदा निपटा रहा है।

एक ख़बर सुनने में आई कि गर्भस्थ बालक की मुस्कान थ्री-डी स्केनिंग में फ़ोटो के रूप में प्राप्त हुई है। चिकित्सा विज्ञान के जानकार लोगों का कहना है यह गर्भ में पलने वाले शिशु की संवेदना का मामला है। एक बात तो यह समझने जैसी है कि इसमें मुस्कान संवेदना की प्रतिनिधि क्रिया है। फिर बच्चे की मुस्कान तो और अद्‌भुत होती है। दरअसल बड़ा जब भी मुस्कराएगा, समझ लीजिए बच्चे होने की तैयारी ही कर रहा होगा।

अध्यात्म कहता है जैसे-जैसे समझ बढ़ेगी वैसे-वैसे हम छोटे हो जाएँगे और जितने छोटे होंगे उतने ही विराट के प्रकट होने की संभावना बढ़ जाएगी। बल्कि छोटे होते-होते जितना खो जाएँगे बस उसके बाद फिर उसे पा जाएँगे जिसका नाम परमात्मा है। वह बच्चा

गर्भ में मुस्कराकर यही संदेश दे रहा है कि मैं भीतर जिसके भरोसे मुस्करा रहा हूँ हम बाहर भी उसी के भरोसे प्रसन्न रह सकते हैं।

यह एक तरह की बायो फ़ीडबैक क्रिया है। जैसे मंदिरों में गुंबज इसलिए बनाए गए कि ॐ का गुंजन कई गुना होकर हमारे पास लौट आए। इसी प्रकार भीतर की मुस्कान बाहर और बाहर की स्थितियाँ बायो फ़ीडबैक प्रक्रिया से व्यक्तित्व को अंदरूनी तौर पर शांत बनाने में काम आएँगी और शांति जिस भी क़ीमत पर मिले हासिल कर लेना चाहिए। उस गर्भस्थ शिशु का यही संदेश है। जीवन उसी का सफल है जिसके जीवन में, जिसके परिवार में हमेशा मुस्कराहट बनी रहे। इसलिए ज़रा मुस्कराइए, सदा मुस्कराइए...।

शांति जिस भी क़ीमत पर मिले हासिल कर लेना चाहिए। परिवार में प्रेम के साथ संवेदनाओं का भी अपना महत्व है। हमारी मुस्कान के पीछे भी संवेदना काम कर रही होती है। संवेदना की प्रतिनिधि क्रिया होती है मुस्कान।

51

आहार शुद्ध होगा तो विचार भी शुद्ध होंगे

अध्यात्म में भोजन का बड़ा महत्व है। यदि यह ठीक न हो तो सूक्ष्म शरीर बिगड़ जाता है। याद रखिए हम जो अन्न खाते हैं उसमें से एक चौथाई से मन बनता है, एक चौथाई से रक्त बनता है, एक चौथाई शुक्र में और एक चौथाई मल में जाता है। ऐसी चार प्रक्रियाएँ घटती हैं। हमें मन, रक्त और शुक्र सँभालकर रखना है और मल का परित्याग करना पड़ता है।

देखिए हमारे शास्त्रों में कैसी-कैसी सूक्ष्म बातें भी बताई गई हैं। भोजन और भजन के समय साधक का प्राणबल सतेज हो जाता है तो वातावरण के जो अणु होते हैं वह उनके पास खिंचे चले आते हैं। यदि रजोगुण, तमोगुण की स्थिति होगी तो उसके कण, उसके अणु, साधक के प्राण में आने लगते हैं। इसलिए हमारे ऋषियों ने जो कहा है उस पर ध्यान दिया जाए कि भोजन करते समय वातावरण शुद्ध रहे। हर कहीं बैठकर भोजन नहीं किया जाए।

हमारे संतों ने थकावट दूर करने के उपाय भी शास्त्र में बताए हैं। शास्त्र के सिद्धांत हमें अनुभूति में उतारने चाहिए। इसका एक बड़ा मनोवैज्ञानिक कारण भी है। संतुलित भोजन आपको थकान से बचाएगा। यह भी ध्यान रखें कि न अधिक आहार लें और न कम आहार लें। *गीता* में कहा है कि बहुत तपस्या वाला व्यक्ति तथा बहुत कम खाने वाला व्यक्ति भी क्रोध बहुत करता है। यदि अधिक जागता

है या अधिक सोता है, वह भी ठीक नहीं। अति से किया हुआ योग दु:ख देता है।

इसलिए जीवन में आहार शुद्ध एवं संतुलित करें। जब गृहस्थी में आहार शुद्ध होगा तो विचार शुद्ध होंगे, व्यवहार शुद्ध होगा और जब ये दोनों शुद्ध होंगे तब परिवार में प्रेम टिकेगा और प्रेम टिकेगा तो एक-दूसरे पर विश्वास टिकेगा। परिवार में जब विश्वास जमता है तो गृहस्थी स्वर्ग हो जाती है।

अध्यात्म में भोजन का बड़ा महत्व है। यदि यह ठीक नहीं हो तो शरीर बिगड़ना ही है। भोजन करते समय वातावरण शुद्ध रहे यह बहुत ज़रूरी है। इस बात का भी ध्यान रखा जाए कि आहार शरीर की ज़रूरत के मान से ही लिया जाए। न कम, न अधिक।

52

साईं इतना दीजिए जामे कुटुम समाय...

नीति शतक में एक जगह चर्चा आती है – *तानीन्द्रियाणि सकलानि तदैव कर्म, सा बुद्धिरप्रतिहता वचनं तदैव। अर्थोष्णा विरहितः पुरुष स एव, त्वन्यः क्षणे भवतीति विचित्रमेतत्।।* सब इन्द्रियाँ वे ही हैं, सब कर्म भी वे ही हैं, वही प्रखर बुद्धि और वैसे ही वचन भी हैं, लेकिन धन की गर्मी के बिना वही मनुष्य क्षणमात्र में कुछ का कुछ हो जाता है यह विचित्र बात है।

धन न हो तो क्या होता है इस पर भी एक विचार है। *न विभाव्यन्ते लघवो वित्तविहीनाः पुरोअपि निवसन्तः, सततं जातविनष्टाः पयसामिव बुद्बदाः पयसि।।* जैसे पानी में उत्पन्न होकर पानी ही में नष्ट होने वाले बुलबुलों पर किसी का ध्यान नहीं जाता, उसी प्रकार धन से हीन शूद्र व्यक्ति सामने रहते हुए भी लोगों की दृष्टि में नहीं आते। *नश्यति विपुलमतेरपि बुद्धिः पुरुषस्य मन्दविभस्य, घृत-लवण-तैल-तण्डुल-वस्त्रेन्धन चिन्तया सततम्।।*

धन की कमी होने पर निरंतर घी, नमक, तेल, चावल, वस्त्र, लकड़ी की चिंता से बड़े-बड़े बुद्धिमानों की भी बुद्धि नष्ट हो जाती है। लेकिन परिवार या गृहस्थी चलाने के लिए धन ज़रूरी है। यह भी ध्यान रखें कि धन की अधिकता अहंकार को जन्म देती है और जीवन में अहंकार का प्रवेश होते ही पारिवारिक प्रेम, परिवार के प्रति संवेदनाएँ बिखरने लगती हैं।

इसलिए *साईं इतना दीजिए जामे कुटुम समाय...*। धन की कामना उतनी मात्रा में ही की जाए जितने में कि परिवार का संचालन ठीक, व्यवस्थित रूप से हो सके तथा परिवार की ख़ुशियाँ बनी रहें।

जिस प्रकार पानी के बुलबुलों पर किसी का ध्यान नहीं जाता, उसी प्रकार धन से हीन शूद्र व्यक्ति सामने रहते हुए भी लोगों की दृष्टि में नहीं आते। इसलिए धन ज़रूरी है लेकिन धन की अधिकता अहंकार को जन्म देती है और जीवन में अहंकार का प्रवेश होते ही पारिवारिक प्रेम, परिवार के प्रति संवेदनाएँ बिखरने लगती हैं।

53

बड़ा महत्त्वपूर्ण है कब, क्या और कितना देखा जाए

संसार देखना हो तो आँखें बहुत जरूरी हैं लेकिन उससे ज़्यादा ज़रूरी यह जानना है कि क्या देखा जाए, कब और कितना देखा जाए। जो लोग सब कुछ करते हुए भी शांत रहना चाहते हों वे अपने देखने के प्रति सावधान रहें। आँखों से देखे गए दृश्य अंतरपटल पर अंकित हो जाते हैं और फिर वे भीतर आ रहे विचारों से जुड़ते हैं तथा ये दोनों मिलकर मनुष्य को बेचैन और चिड़चिड़ी गतिविधियों से जोड़ देते हैं।

आज सबसे ज़्यादा देखी जाने वाली वस्तु, दृश्य और पात्र है टेलीविज़न। अब तो घरों में लोग एक-दूसरे सदस्य के साथ उतनी देर नहीं बैठते जितनी देर टीवी के सामने बैठते हैं। इसका ख़तरनाक पक्ष यह है कि जो भी दिखाया जा रहा वही देखा जा रहा है, कार्यक्रम के घटिया और स्तरीय होने की कोई चिंता नहीं है। बस, देखना है सो देखते जाओ।

क्या बच्चे और क्या बड़े, सभी अपनी-अपनी व्यवस्था के तहत देर रात तक ऐसे-ऐसे सीरियल, ऐसे-ऐसे दृश्य देखते हैं जो परिवार की दृष्टि से बिल्कुल उचित नहीं होते, जिनका सीधा नकारात्मक प्रभाव उनके और पूरे परिवार के संस्कारों पर पड़ता है। और ऐसी चीज़ें देखते-देखते ही कब नींद आ जाती है, पता ही नहीं चलता।

ध्यान रखें, नींद आने के ठीक पहले जो हमारा अंतिम विचार और दृश्य होता है उससे अगले दिनभर की हमारी जीवन शैली, व्यवहार, विचार तय होते हैं। उम्र में घर के ये बड़े लोग बॉस बनकर फिर ऐसा इंसाफ़ करते हैं जिसका सीधा और ख़तरनाक असर बच्चों पर पड़ता है।

भागवत में कथा आती है 80 वर्ष के बूढ़े अजामिल ने एक वेश्या को जलक्रीड़ा करते देखा और आचरण से भ्रष्ट होकर उसे अपने घर ले आया। फिर जो कुछ भी हुआ होगा यह सहजबुद्धि का मामला है।

कब और क्या देखा जाए इसका संबंध बड़े, बूढ़े और बच्चे तीनों के लिए एक जैसा है। इसलिए कम से कम टीवी के मामले में परिवार में अतिरिक्त सावधानी रखी जाए ख़ासतौर पर सोते समय।

रात को नींद आने के पहले जो हमारा अंतिम विचार और दृश्य होता है उससे अगले दिनभर की हमारी जीवन शैली, व्यवहार, विचार तय होते हैं। सोने से पहले तामसिक विचारों के साथ-साथ नकारात्मक दृश्यों से भी बचना चाहिए।

54

जीवन में हनुमानजी के आते ही भाग जाते हैं दुर्गुण

भूत-पिशाच होते हैं या नहीं यह आज भी अविश्वास और विश्वास का विषय है। लेकिन जो भक्ति कर रहे हों उन्हें प्रभु भरोसे इन बातों से दूर रहना चाहिए। फिर हनुमान भक्त तो निर्भय होना ही चाहिए। *श्रीहनुमानचालीसा* की चौबीसवीं चौपाई में तुलसीदासजी ने लिखा है- *भूत पिसाच निकट नहिं आवै, महाबीर जब नाम सुनावै।*

हे महावीर, आपका नाम लेने मात्र से भूत-पिशाच समीप नहीं आ सकते। यह *श्री हनुमानचालीसा* की सर्वाधिक लोकप्रिय पंक्ति है। कई लोगों को *श्री हनुमानचालीसा* याद है। बच्चों को अगर पूरी याद न भी हों तो ये दो पंक्तियाँ अवश्य सीख लें, जीवन में बहुत काम आएँगी।

संतों का ऐसा कहना है कि *श्रीहनुमानचालीसा* तुलसीदासजी ने 15 वर्ष की आयु में लिखा था। उस समय वे काशी में विद्वान शेष सनातनजी के यहाँ भृत्य शिष्य थे, यानी सेवक का काम करते थे और अध्ययन भी करते थे। एक बार साथ पढ़ रहे शिष्यों ने बालक तुलसीदासजी को श्मशान की बातें कर डराया था।

हनुमानजी को याद करते-करते वे अपने कमरे की ओर जा रहे थे। जैसे ही अपनी कोठरी में ऊपर गए उन्हें लगा साक्षात भूत कोठरी में बैठा है। उनके मुँह से शब्द निकले *भूत पिसाच निकट नहीं आवै,*

महाबीर जब नाम सुनावै। इतनी तेज़ हवा चल रही थी, लेकिन उन्होंने देखा कि उनका दीपक बुझ नहीं रहा है।

उन्होंने सोचा कि अवश्य कोई कृपा या चमत्कार है। बस, उन्होंने सरकंडे की कलम उठाई और *हनुमानचालीसा* के रूप में उनके हाथ से पहला साहित्य रचा गया जिससे भारतीय संस्कृति धन्य हो गई।

संभवत: इसीलिए कहते हैं कि *श्री हनुमानचालीसा* की भाषा बहुत सरल है। क्योंकि एक बालक और क्या लिखता? भूत, पिसाच का एक अर्थ है दुर्गुण। इसीलिए बच्चे, युवा, बुजुर्ग सभी हनुमानजी को हमेशा जीवन से जोड़े रखें। उनको याद करने से दुर्गुण रूपी भूत दूर ही रहते हैं।

दुर्गुणों से बचे रहना हो तो इसका सबसे अच्छा उपाय है जीवन में श्री हनुमानजी को जोड़े रखें। *हनुमानचालीसा* के माध्यम से उन्हें याद करने मात्र से सारे दुर्गुण विदा हो जाते हैं। परिणाम के रूप में हमें प्राप्त होती है परिवार की शांति।

55

संगति के प्रति सदैव सावधान रहें

आजकल परिवारों में रिश्तेदारों की जगह मित्रों ने ले ली है। इसलिए रिश्तेदारों को चाहिए कि वे आपस में मित्रों सा व्यवहार करें और सारे व्यवहारों तथा संबंधों में परमात्मा को ज़रूर रखें। हर रिश्ता सत्संग हो, कुसंग न हो। अपने मित्रों और रिश्तों के प्रति सावधान रहें। कहीं ऐसा तो नहीं कि आपकी संगति, आपके मित्र आपके परिवार को हानि पहुँचा रहे हों।

रामकथा का एक पात्र वानरराज बालि इस मामले में चूक गया था। उसने रावण को मित्र बनाया था लेकिन सुग्रीव ने भगवान राम को। श्रीराम ने सुग्रीव के गले में माला डालकर बालि को यह अवसर दिया था कि वह स्थिति को समझ ले किंतु बालि अपने अहंकार के कारण चूक गया। परमात्मा हमारे जीवन में प्रवेश कर रहे हैं इसके वे स्वयं संकेत देते हैं परंतु यदि बालि की तरह हम मद में डूबे हुए हों तो भगवान के संकेतों को समझ नहीं पाते।

सुग्रीव कमज़ोर था पर उसने भगवान को प्राप्त कर लिया। बालि शक्तिशाली था पर वह अपनी शक्ति का उपयोग भगवान के लिए नहीं कर पाया। शक्ति को प्राप्त करना ही जरूरी नहीं है। जीवन में जब शक्ति का आविर्भाव हो तो प्रेम से उसे बाँटें, आनंद में ढालें, दोनों हाथ उलीचें (बाहर फेंकें) नहीं तो शक्ति बोझ बन जाएगी। फिर शक्ति से समस्या उठेगी समाधान नहीं।

बालि के साथ यही हुआ था। सुग्रीव में कई कमज़ोरियों के होने के बाद भी मित्रता करने और रिश्ते निभाने की ख़ूबी थी। इसलिए सिंहासन से च्युत हो जाने पर भी मित्रों से विहीन नहीं होते हैं। उस कठिन परिस्थिति में श्री हनुमानजी जैसे मित्र और मंत्री उनके साथ थे।

अपने संग के प्रति अत्यधिक सावधान रहें। कुसंग सारे किए-धरे पर पानी फेर देता है। कई जगह तो कुसंग के कारण परिवार तक टूट जाते हैं। इसलिए किसी से संगत या मित्रता करने से पहले इतना अवश्य परख लें कि कहीं आपकी पारिवारिक व्यवस्था पर उसका प्रतिकूल असर तो नहीं होगा।

संगति के प्रति हमेशा सावधान रहें। कहीं ऐसा तो नहीं कि आपकी संगति, आपके मित्र आपके परिवार को हानि पहुँचा रहे हों। कई बार तो कुसंग के कारण ही परिवार टूट जाते हैं। सुसंग नहीं भी मिले तो बड़ा नुक़सान नहीं, कुसंग से ज़रूर बचे रहें।

56

बहुत कुछ पाने के चक्कर में नींद को नहीं खो दें

बहुत कामकाज करते हुए हम लोगों ने जो कुछ पाया है उससे ज़्यादा खोया भी है। एक चीज़ जो इस व्यस्तता के दौर में कई लोगों ने खो ली है वह है नींद। स्वस्थ निद्रा न सिर्फ शरीर को स्वस्थ करती है बल्कि आपको परमात्मा से मिलने में मदद भी करती है। नींद पूरी नहीं होने की स्थिति में आदमी चिड़चिड़ा हो जाता है जिसका असर पूरे परिवार पर पड़ता है। यदि आप रात को आने वाली नींद से संतुष्ट नहीं हैं तो एक प्रयोग कीजिए।

शवासन में लेट जाएँ, धरती पर पीठ सीधी रहे, दोनों पैरों में थोड़ा गैप हो, हथेलियाँ आकाश की ओर हों और मृतवत लेटे रहें। यहाँ से परम निद्रा आरंभ होने वाली है। योगियों ने इसे योगनिद्रा कहा है। इससे मुद्रा तो शवासन की रहेगी लेकिन क्रिया थोड़ी बदल जाएगी। अपने मन को बाहर से निर्देश दिए जाएँगे। यह विश्राम की एक अद्‌भुत पद्धति है।

इस समय अर्द्धचेतन मन आपके निर्देशों को आसानी से ग्रहण कर लेगा। आपके संकल्प को वह स्वीकार करेगा और आगे चेतना की ओर बढ़ा देगा। ध्यान रखें यह सारी क्रिया शवासन में मानसिक चिंतन के साथ होगी। अब अपनी मानसिक चेतना को शरीर के बाहरी अंगों पर घुमाना शुरू करें। सबसे पहले पैरों की अँगुलियों,

घुटनों, जंघाओं, पेट, छाती, भुजाओं, कंठ, दोनों बाँहों के बीच आज्ञा चक्र पर और सहस्रार तक अपनी चेतना को घुमाएँ।

हर अंग से जब आप चेतना घुमा रहे हों तो चिंतन कीजिए कि वह अंग शिथिल हो गया, बिल्कुल शिथिल। बस ऐसा करते रहें, यही योगनिद्रा है। धीरे-धीरे जिस चेतना को आप भीतर ले गए उसे सामान्य करते हुए बाहर लाएँ। मन शांत हो ही चुका है।

ध्यान दें कि आपका शरीर धरती पर लेटा हुआ है, पुनः चेतना को सिर से पैर तक घुमा लें। आँखों को धीरे-धीरे खोलें, ताजगी को महसूस करें और जिस किसी से भी नज़र मिलाएँ बस एक काम ज़रूर कीजिए, ज़रा मुस्कराइए...।

सच है कि कुछ पाने के लिए कुछ खोना भी पड़ता है लेकिन बहुत अधिक पाने के चक्कर में बहुत कुछ खो देना भी समझदारी नहीं है। भागमभाग की इस दुनिया में नींद का भी पूरा-पूरा ध्यान रखा जाए।

57

सच्ची प्रार्थना वही है जो परमात्मा को पिघला दे

मनुष्य पता नहीं यह कहाँ से सीख गया कि सोचता कुछ है, बोलता कुछ है तथा करता कुछ और है। इतना तो तय है कि यह सब उसे भगवान ने नहीं सिखाया, इंसान ने स्वयं ही ये सब सीखा है। व्यक्ति के मन, वचन और कर्म में समता होना चाहिए। इनमें एकता आते ही पूरा व्यक्तित्व निखर जाता है।

इसे *श्री हनुमानचालीसा* की 26वीं चौपाई से समझें। *संकट तें हनुमान छुड़ावै, मन क्रम वचन ध्यान जो लावै।।* हे हनुमानजी, यदि कोई मन, कर्म और वाणी द्वारा आपका ध्यान करे तो निश्चित ही आप उसे सारे संकटों से छुटकारा दिला देते हैं। यह पंक्ति प्रार्थना की परिभाषा है।

प्रार्थना तभी पूरी होती है जब उसे मन, कर्म, वचन से हृदय में उतारा जाए। जब इतनी बातें पूरी हों तो समझ लीजिए प्रार्थना पूरी हुई। नहीं तो हम प्रार्थना तो कर रहे हैं पर मन दफ़्तर में है, कर्म कहीं और लगा है तथा वचन कहीं और चल रहे हैं तो यह प्रार्थना नहीं होगी। प्रार्थना का मतलब इन तीनों का हृदय में एक साथ आ जाना है।

हमारे चिंतन में, चर्या में और चर्चा में समानता होनी चाहिए। हमारी वाणी में, व्यवहार में और विचार में एकरूपता होनी चाहिए। तब जो प्रार्थना हम करेंगे वह सच्ची प्रार्थना होगी और ऐसी प्रार्थना

करने वाले कभी भी जीवन में संकट में नहीं पड़ते।

प्रार्थना का एक उदाहरण देखिए। जब हनुमानजी लंका से सीताजी की खोज के बाद उनका संदेश लेकर रामजी के पास लौटे, तब उन्होंने सीताजी की विरह-कथा श्रीराम को सुनाई थी। सीताजी का दुःख सुनकर सुख के धाम प्रभु के कमल नेत्रों में जल भर आया। हनुमानजी की प्रार्थना ने परमात्मा को भी पिघला दिया। जो परमात्मा को पिघला दे वही सच्ची प्रार्थना है।

हमारे मन, वचन और कर्म में समता होनी चाहिए। यह गुण व्यक्तित्व को निखारता है। प्रार्थना भी तभी पूरी होती है जब उसे मन, कर्म और वचन से हृदय में उतारी जाए। जो ईश्वर को न पिघला सके वह प्रार्थना अधूरी ही होगी।

58

मृत्यु वह सच है जो हमें पापों से बचा लेती है

मृत्यु किसी के भी घर-परिवार में हो, आदमी शोक में डूब ही जाता है, लेकिन मृत्यु के बारे में कुछ नया दृष्टिकोण रखा जाए। मृत्यु हमें पाप से बचा लेती है। सोचिए, यदि दुनिया में मृत्यु नहीं होती तो कितने पाप बढ़ जाते। रावण और कंस की यदि मौत नहीं होती तो दुनिया में पाप की क्या स्थिति होती। बिना मृत्यु पाप से मुक्ति दुनिया में किसी विशिष्ट व्यक्ति को ही मिल पाती है।

मृत्यु जीवन की कई घटनाओं पर पर्दा डाल देती है। यदि मनुष्य को सब याद रहने लगे कि किससे क्या संबंध था तो सारी गड़बड़ी हो जाएगी। मृत्यु का एक और फ़ायदा है। एक ही ढंग का जो हमारा जीवन होता है, मृत्यु उसमें परिवर्तन करती है। यह ही माता-पिता, ये ही व्यवसाय, ये ही पति-पत्नी है। मृत्यु इसे ही परिवर्तित कर देती है।

मृत्यु के बाद यह शरीर चला जाता है और दूसरा मिल जाता है। जब हम शरीर छोड़ते हैं तो एक जगह लोग रो रहे होते हैं परंतु दूसरी जगह नया शरीर मिलने पर लोग ख़ुश भी होते हैं। मृत्यु का एक और लाभ है, यह हमारा लिंग बदल देती है। स्त्रीलिंग से पुलिंग, पुलिंग से स्त्रीलिंग। यह परिवर्तन हुए बिना जीवन अधूरा है। स्त्री में से जब तक पुरुष नहीं, पुरुष में से जब तक स्त्री नहीं जागे जीवन अधूरा है।

शंकराचार्य से जब स्त्री के बारे में पूछा गया तो वे हार गए। बाद

में उन्होंने योग साधना से स्त्री का रूप लिया और उसे जाना, तब वे विजयी हुए। देह और आत्मा अलग-अलग हैं, यह जब मौत आती है तो जीव देख सकता है। यह मेरा मृत शरीर पड़ा है और इसे मैं देख रहा हूँ। जीवन को तभी पता चलता है कि यह शरीर मेरी पोशाक जैसा आवरण था जो उतार दिया गया है। योगी लोग शरीर को पोशाक ही मानते हैं।

मृत्यु का एक सच यह भी है कि वह हमें पाप से बचाती है। बिना मृत्यु के पापों से मुक्ति नहीं मिल सकती। मृत्यु का एक और फ़ायदा है कि यह हमारे एक ही ढंग के जीवन में परिवर्तन कर देती है। फिर इससे भय कैसा?

59

शरीर के वादन में प्रेम हो, अहंकार नहीं

शरीर संसार से जितना जुड़ता है उतना ही परमात्मा से भी जोड़ने के काम आता है। शरीर वह पैकेजिंग है जिसमें आत्मा बसती है। इसलिए शरीर को भी संभालकर रखना चाहिए, क्योंकि आख़िर वह आत्मा का आवरण है। उसे धन्यवाद देना चाहिए कि उसने हमारी आत्मा को इतने दिनों तक सँभाला।

शरीर को साधने के लिए एक बहुत अच्छा संकेत कबीरदासजी ने दिया है। *साधौ यह तन साज तंबूरे का।* वे कहते हैं कि हमारा शरीर भी एक तंबूरा है। तंबूरे में तार होता है और एक खूँटी होती है। अधिक खींचते हैं तो तार टूट जाएगा और ढीला छोड़ेंगे तो सही सुर नहीं निकलेंगे। इसलिए व्यक्ति सावधानी से खूँटे के द्वारा तार ऐसा कसें कि न ढीला रहे न टूटे। ठीक-ठाक कसेंगे तो ही सुर अच्छा निकलेगा।

कबीर की कल्पना यह है कि इंद्रियाँ तार हैं और बुद्धि खूँटी है। तो न इंद्रियों को अधिक कसिए और न अधिक ढीली छोड़ें क्योंकि कबीर कह रहे हैं- *निकसत राग हुजुरे का।* यदि तंबूरा सही होगा तो ईश्वर का राग गूँजेगा। इसलिए शरीर के मामले में जीवन को अति पर न टिकाएँ। संतुलन बनाए रखें।

तंबूरा बजाते समय वादक दो बातों पर ध्यान देता है। परमात्मा के लिए जब संगीत बजाया जाता है तो उसमें प्रेम भरा हुआ होता है और संसार के लिए बजाए गए संगीत में अहंकार का प्रदर्शन भी जुड़ जाता है। कबीर

कहते हैं शरीर के वादन में प्रेम होना चाहिए, अहंकार नहीं।

अहंकार पूरे व्यक्तित्व को बेसुरा कर देता है। सारी मधुरता प्रेम में है। शरीर का प्रेम से परिचय हुआ तो वासनाएँ अपनेआप गिर जाती हैं। इसके लिए एक अच्छा तरीक़ा है ज़रा मुस्कराइए...।

शरीर आत्मा का आवरण होता है। इसके मामले में जीवन को अति पर नहीं टिकाते हुए उसमें संतुलन बनाए रखना होगा। शरीररूपी तंबूरे के वादन में प्रेम होना चाहिए, अहंकार नहीं। अहंकार से व्यक्तित्व बेसुरा हो जाता है और बेसुरा सभी को नापसंद होता है।

60

वृद्धावस्था में क्रोध नहीं, प्रेम से काम लें

बुढ़ापे में जिन-जिन बातों की तकलीफ होती है उनमें से एक है ख़ुद के ऊपर भी गुस्सा आना। शरीर लाचार हो चुका होता है इसलिए बूढ़े लोग कई ऐसी गलतियां कर जाते हैं जो जवानी के दिनों में नहीं की थीं। गलती करने के बाद उन्हें अपने ही ऊपर गुस्सा आने लगता है कि हमने ऐसा क्यों किया। स्वयं पर किया हुआ क्रोध उनके जीवन को और जहरीला बना देता है। वृद्ध लोगों को एक बात स्वीकार कर लेनी चाहिए कि हम वृद्ध हो चुके हैं। जाने-अनजाने में हमसे कुछ गलतियां होंगी, तो ऐसे समय खुद पर गुस्सा करने की जगह प्रेम करें। ऐसा इसलिए करें कि क्रोध आपकी ऊर्जा को पी जाएगा और अपने से ही किया हुआ प्रेम आपकी ऊर्जा को बढ़ाएगा।

ध्यान रखिएगा प्रेम करना है, मोह नहीं। क्योंकि मोह यदि अपने शरीर से किया तो बुढ़ापे में नर्क की तैयारी है। पर यदि प्रेम किया तो एक वैराग्य जागेगा और यह वैराग्य मृत्यु के क्षण में बड़ा काम आएगा। यह तो तय है कि बुढ़ापे में और ख़ासतौर पर मृत्यु के पूर्व ऐसा महसूस होता है कि जो कुछ हमने किया वह एक सपना था। चौबीस घंटे में से अधिकांश समय स्मृतियों में बीतने लगता है और लगने भी लगता है कि हमने जीवन में जो किया वह किसी काम का नहीं था। फिर एक चिड़चिड़ाहट शुरू हो जाती है।

इसलिए बुढ़ापे में बीते हुए कल पर बहुत अधिक न टिकें,

क्योंकि बीते कल की वासना जागेगी और वह आज की वासना को भी जगाएगी। लिहाजा हमारा वर्तमान भी बिगड़ेगा। वृद्धावस्था में प्रेम के परिणाम में जितना वैराग्य जागेगा, जीवन का समापन उतना ही गरिमामय, शांतिपूर्ण और दिव्यमय होगा।

वृद्धावस्था में स्वयं पर किया हुआ क्रोध जीवन को और जहरीला बना देता है। जीवन की अंतिम अवस्था में अपने भीतर प्रेम का संचार करें। प्रेम से वैराग्य जागता है मृत्यु के क्षण में बड़ा काम आता है।

61

अध्यात्म और संसार में संतुलन हो

जीवन में अति हर बात की बुरी ही होगी। न अध्यात्म की अति करें और न ही संसार से अधिक जुड़ें। दोनों का संतुलन रखें। संतुलन बनाए रखने में हनुमानजी हमारी मदद करेंगे। *श्री हनुमानचालीसा* की अट्ठाईसवीं चौपाई है - *और मनोरथ जो कोई लावै, सोई अमित जीवन फल पावै।* हे हनुमान, आपके पास कोई किसी प्रकार का भी मनोरथ (धन, संतान, यश की कामना) लेकर आता है तो वह जरूर पूरा होता है। इस चौपाई में मनोरथ शब्द बहुत सुंदर है।

हमारे मन में जो भाव उठते हैं वे बहुत तीव्रता से चलते हैं और फिर मन का रथ तो बहुत ही तीव्र चलता है। हम इस पर बैठकर अपनी कामनाओं को बहुत दूर तक ले जाते हैं। गोस्वामीजी कहते हैं ऐसे लोगों को भी आप जीवन का फल देते हैं।

हम सब हैं तो संसारी इसलिए हमारी कामनाएँ भी संसार से जुड़ी ही होंगी। कई भक्तों को लगता है हनुमानजी तो ब्रह्मचारी हैं और तुलसीदासजी संत हैं लेकिन हम भक्त तो दुनियादारी में जी रहे हैं। अतः हमें तो अच्छा पति, पत्नी, बच्चे, कार, बंगला, धन आदि चाहिए। हनुमानजी के फेर में पड़कर ये सब मिलेगा या नहीं?

यहीं तुलसीदासजी आश्वस्त कर रहे हैं कि हनुमानजी भक्तों के मनोरथ भी पूरे करते हैं लेकिन एक नियंत्रण के साथ। अपनी महत्वाकांक्षा की पूर्ति में हम सब बावले हुए जा रहे हैं। धन-दौलत

कमाने में जमीन आसमान एक कर दिया पर दिल से दिल की दूरी नहीं मिट पाई।

जीवन का असली फल है संतुलन के साथ जगत और जगदीश दोनों का आनंद उठाना यही सही मनोरथ होता है और हनुमानजी इसी को पूरा करते हैं।

अति हर चीज़ की बुरी होती है। यह नियम संसार के साथ अध्यात्म में भी लागू होता है। इन दोनों में संतुलन होना चाहिए। इस काम में श्री हनुमानजी हमारे बड़े मददगार हो सकते हैं।

62

बीते को भूल जाएँ पर उसके सबक़ याद रखें

अतीत से कुछ सीख लिया जाए यह तो समझदारी है, लेकिन अतीत पर ही टिक जाना मूर्खता और नुक़सानदेह हो सकता है। हर वर्तमान अपने अतीत के परिणाम लेकर आता है। अत: चल रहे समय में शुभ ही किया जाए।

एक सेठ अपने घर में भोजन कर रहा था। पत्नी भोजन बना रही थी, चार साल का बच्चा सेठ के कंधों पर चढ़कर खेल रहा था, सुखी परिवार था। उसी समय वहाँ से एक मुनि निकले। उन्होंने देखा तो हँस दिए और चले गए। सेठ को बड़ा आश्चर्य हुआ। दूसरे दिन वही सेठ अपनी दुकान पर मुनीम के साथ बैठा था। तभी वहाँ से एक कसाई एक बकरे को लेकर निकला। मुनीम ने देखा तो उसे दया आ गई और क़ीमत देकर बकरे को छुड़वा लिया।

सेठ ने मुनीम से पूछा क्यों किया ऐसा? मुनीम बोला कि यह बकरा कटने से बच गया। सेठ नाराज होकर बोला – "हम यहाँ कमाने बैठे हैं। यदि ऐसे ही पैसे लुटाओगे तो बर्बाद हो जाएँगे।" उसी समय वे ही मुनि वहाँ से निकले। उन्होंने देखा और हँसकर चल दिए।

सेठ से रहा नहीं गया। वह मुनि के आश्रम में पहुँचा और पूछा – "आप क्यों हँसे?" मुनि ने कहा, "छोड़ो, यदि जानोगे तो मुसीबत में पड़ जाओगे।" सेठ ने ज़िद की तो मुनि ने कहा, "अतीत जानने में कोई फ़ायदा नहीं है तकलीफ़ ही मिलती है, फिर भी सुनो।

ये जो तुम्हारा बच्चा है, जिसे तुम इतना प्यार करते हो ये पिछले जन्म में तुम्हारा पड़ोसी था और तुम्हारी पत्नी पर आसक्त था। और वह जो बकरा था, वह तुम्हारे पिता थे।

बीते हुए से इतना सबक़ लिया जाए कि वर्तमान ठीक रहे। अत: वर्तमान में हमसे अच्छे कर्म होते रहें ऐसे प्रयास जारी रखें। बीते वक़्त को भले ही भूल जाएँ पर उसके सबक़ को ज़रूर याद रखें।

बीते की स्मृति दुखी ही करती है। इसलिए अतीत पर अधिक न टिकते हुए वर्तमान को सँवारने का प्रयास किया जाए। भूतकाल को भूल जाएँ परंतु उसके सबक़ ज़रूर याद रखें। ये हमारे वर्तमान को सँवारने में सहायक होते हैं।

63

भूमिका के साथ-साथ विचार भी बदलने पड़ते हैं

जीवन में जो लोग समय के साथ अपनी भूमिकाओं को बदल लेते हैं वो अपने हर वर्तमान में सुख और शांति का अनुभव आसानी से कर सकेंगे। यदि भूमिका आज की है तथा विचार बीते कल के हैं तो ख़तरा हो सकता है। बेटा शादी करके बहू घर में ले आता है, बाप को पता नहीं चलता कि लड़का जवान हो गया। पहले वह माता-पिता के स्नेह में बँधा था, अब पत्नी के रूप में आई नई स्त्री के प्रेम में गिरेगा।

माँ अपनी पुरानी माँगों पर टिकी है। बेटा आएगा, गोद में सिर रखेगा और मुझसे ही बोलेगा खाने के लिए। लेकिन अब बेटा किसी ओर की गोद में सिर रखता है, किसी और से खाने का बोलता है। इसीलिए सास-बहू में नहीं बन पा रही है। माँ अपनी पुरानी सोच में बैठी रहती है। सोचती है कि बेटा वही करे जो मैं कहती आ रही हूँ।

माँ सोचती है कि क्या यह वही बेटा है जिसे मैंने नौ महीने पेट में रखा, रात-रातभर जागकर जिसको सुलाया पर अब वह आदमी बनकर बदल चुका है। सास और बहू में नहीं बनने का मनोवैज्ञानिक कारण यह भी है कि सास पुरानी परंपराओं पर रुकी हुई है और बहू एक बहाव का नाम है। इसलिए शादी के बाद अधिकांश माँएँ अपने बेटों के लिए कहती हैं कि वह बदल गया है।

दुनिया में यह एक कष्ट है, एक उलझन है जो कि पत्नी की, माँ

की, पिता की, मित्रों की किसी की भी हो सकती है कि हम सब पीछे छूट जाते हैं। जो हमने अपने ध्यान में बैठा रखा है वह ध्यान से नहीं जाता इसीलिए उलझन और बढ़ जाती है।

लिहाजा घर-परिवार में जब भी हमारी भूमिका बदले, हमें इस बात में सावधान रहना चाहिए कि उसके साथ ही हमारे ख़यालात भी बदल जाएँ। दूसरे से जुड़ने के लिए ख़ुद को कहीं से काटना और हटाना पड़ता है।

समय के साथ-साथ हमारी भूमिकाओं को बदलते रहना चाहिए। परंपराओं से हटकर समय के बहाव में बहते रहने में ही सुख-शांति और समझदारी है। समय के साथ ख़यालात भी बदलते रहें।

64

संन्यास का मतलब है परमशक्ति के प्रति निष्ठा

आज अधिकांश परिवारों में तनाव के जितने कारण हैं उनमें से एक है अपने लोगों को समय नहीं दे पाना। कई परिवार तो इस समय अभाव के कारण ही टूट रहे हैं। सबकी अपनी-अपनी व्यस्तताएँ हो गईं और व्यस्त आदमी धन के बँटवारे में तो सक्षम हो गया, पर समय के बँटवारे में नादान साबित हो रहा है। अपने लोगों को समय दिया जाए जब इसका दबाव बनता है तो आज के दौर के चतुर लोग समय के साथ भी अभिनय करने लगते हैं।

अपने लोगों के साथ जो वक्त बिताया जाता है उसमें धोखा पकड़ा जा सकता है। जो व्यक्ति शरीर से यहाँ मौजूद है वह भीतर से गायब हो चुका है। दिखावा तो सुंदर हो सकता है, लेकिन एहसास के स्तर पर यह छल बहुत दिनों नहीं चलता। एक सुझाव पर विचार किया जाए। आप चाहे किसी भी व्यवसाय में हों, जब अपने घर में अपने लोगों के बीच हों और उनके बीच भी जब समय दे रहे हों तो एकदम संन्यासी की तरह हो जाएँ। बात सुनने में उल्टी लगेगी कि घर में तो गृहस्थी की तरह होना चाहिए, लेकिन इसी में इसका अर्थ छुपा है।

गृहस्थ गणित में माहिर होता है। वह कई चीजें तोल-मोल कर करता है। गृहस्थी में अपने-पराए का भेद भी रहता है। दिखाना-छुपाना गृहस्थी की अदा है। तब अपने लोगों के साथ संबंध निभाने में

भी यही सब चलता है। संन्यासी की एक विशेषता होती है। वह सिर्फ परमात्मा के लिए जीता है।

संन्यास का अर्थ ही यह है परमशक्ति के प्रति निष्ठा। संन्यासी का अर्थ है जो बाहर है वही भीतर। जैसे ही इस वृत्ति से आप अपने लोगों के बीच समय दे रहे होते हैं आप शत-प्रतिशत वहीं होते हैं। तब उस समय में प्रेम की सुगंध अपने आप बहने लगती है और परिवार को बचाने के लिए प्रेम बहुत बड़ा गठबंधन है।

परिवार को केवल प्रेम से ही बचाया जा सकता है। समय के अभाव को इस प्रेम मार्ग की बाधा नहीं बनने दें। जब घर में अपने लोगों के बीच हों तो एकदम संन्यासी की तरह हो जाएँ। परिवार में प्रेम की सुगंध बहने लगेगी।

65

अध्यात्म पथ पर चलना सिखाते हैं स्वामी विवेकानंद

हम भारतीय चाहे जैसा जीवन जी लें पर धर्म हमारा मार्ग और अध्यात्म मंज़िल है। हमारा लक्ष्य कुछ और था तथा आज उपलब्धियाँ कुछ और हो गईं हैं। यह एक-दूसरे से अधिक विशेषज्ञता का ज़माना है। एक-दूसरे पर विश्वास का दौर नहीं। अब वैभवशाली होना ही लक्ष्य है, विवेकशील होना कमज़ोरी है।

घर-परिवार में धर्म-नैतिकता, पूजा-अर्चना, भक्ति-साधना, ज्ञान, कर्म, उपासना के अर्थ ही बदल गए। सच्चे और भले लोग चुप होकर तन्हाई में बैठे हुए हैं। इस अकेलेपन को भी समाज के लिए उपयोगी बनाया जा सकता है जो कि स्वामी विवेकानंदजी ने किया था।

सारी प्रतिकूलता और विपरीत के बाद भी हमें निराश होने की जरूरत नहीं है। हमारे यहाँ कुछ लोग ऐसे हो गए हैं जिन्होंने कुछ ऐसा कर दिया है कि वह आज तक हमारी शक्ति का रक्षा कवच हैं, प्रेरणा पुंज है, एक भरोसा है। उनमें एक नाम है स्वामी विवेकानंद।

समय-समय पर समाज में जो असंतुलन स्थापित होता है उसे केवल धर्म दूर नहीं कर सकता। उसके लिए ऐसे पुरुष की आवश्यकता होती है जो समय और समाज को देखते हुए धर्म की व्याख्या और व्यवस्था केवल शब्दों में न करते हुए जीवन की क्रिया द्वारा कर सके। फिर वह अवतार हो या दिव्य पुरुष, जैसे स्वामी विवेकानंद

जिन्होंने हमें भारत माता पर गर्व करना सिखाया।

विवेकानंद ने युवाओं के लिए नया मार्ग दिया। हमने मोक्ष और स्वर्ग का मार्ग तो बनाया लेकिन धरती पर चलने का रास्ता बनाना भूल गए। स्वामी विवेकानंद हमें ऐसा ही एक रास्ता बता गए थे जो अध्यात्म पथ है। इसमें भौतिकता और भक्ति दोनों का संतुलन नजर आता है।

तमाम प्रतिकूलता और विपरीत के बाद भी निराश नहीं होना ही सही अर्थ में जीवन है। प्रतिकूल को अनुकूल बनाने का तरीक़ा अध्यात्म में छिपा है। स्वामी विवेकानंद इसके प्रेरणा पुंज हैं।

66

'व्यर्थ' को कभी मन पर हावी नहीं होने दें

गीता को लेकर एक सवाल सबके मन में रहता है कि अर्जुन ने भगवान कृष्ण से जो प्रश्न किए थे क्या उन सारे प्रश्नों के उत्तर कृष्ण ने दे दिए थे? और तब ऐसा लगता है कि अर्जुन का मुख्य प्रश्न तथा उसके पीछे जो मुख्य तर्क थे उसका कोई उत्तर भगवान ने नहीं दिया था।

अर्जुन ने युद्ध के परिणामों का भयावह दृश्य भगवान के सामने प्रस्तुत करते हुए कहा था, ''मैं युद्ध नहीं करूँगा। युद्ध हुआ तो श्रेष्ठ योद्धा मारे जाएँगे, समाज में अनाचार फैल जाएगा, सनातन व्यवस्था ध्वस्त हो जाएगी। तो क्या युद्ध करना उचित है?''

भगवान कृष्ण ने अर्जुन को ज्ञानयोग, कर्मयोग, भक्तियोग के संदर्भ में पूछे गए प्रश्नों के उत्तर तो दिए हैं पर इस प्रश्न का उत्तर कहीं नहीं मिलता कि युद्ध करोगे तो ऐसा नहीं होगा। अर्जुन की इस शंका को सुनकर भगवान कृष्ण हँस दिए थे। यह हँसी ही इसका उत्तर है। इसमें यह उत्तर छिपा है कि सृष्टि का रचयिता मैं हूँ और चिंता तू पाल रहा है।

दूसरा कारण है कि तेरी आज्ञा का पालन करने के लिए घोड़े की लगाम पकड़े हुए युद्धक्षेत्र में मैं खड़ा हूँ और तू मेरे सामने भविष्य का बड़ा भयावह चित्र प्रस्तुत कर रहा है कि ऐसा होगा, वैसा होगा। भगवान इसलिए हँसे कि जिस बोझ को उठाने की आवश्यकता नहीं

थी, उस बोझ को व्यर्थ ही तूने अपने ऊपर, अपने मन पर लाद लिया। भगवान ने उसे विराट रूप दिखाया।

पारिवारिक जीवन में जब कभी भ्रमित हो जाते हैं तो पहले परमात्मा कुछ तरीक़ों से हमें समझाता है और तब भी समझ में न आए तो अपना विराट रूप दिखाता है। यह रूप किसी हालात या व्यक्ति के रूप में हमारे सामने आता है और हमें घटना को सही रूप में देखने की दृष्टि मिल जाती है।

जीवन में जिस बोझ या तनाव को उठाने या पालने की ज़रूरत न हो उसे अपने मन-मस्तिष्क पर व्यर्थ न लादें। सच्चे मन से ईश्वर को याद करें तो वह हमारी मदद अवश्य करता है।

67

परस्पर विश्वास से ही सही परिणाम मिल सकते हैं

किसी से भी काम लेना हो तो उस पर भरोसा करना ही पड़ेगा। मामला परिवार का हो या व्यवसाय का, आज के युग में कई व्यवस्थाएँ विश्वास पर ही चलती हैं। किसी का विश्वसनीय होना एक बड़ी योग्यता है। घर-परिवार में भी किसी काम में यदि पिता पुत्र पर, पुत्र पिता पर, पति-पत्नी एक-दूसरे पर या कोई भी सदस्य आपस में विश्वास नहीं करेंगे तो सही परिणाम प्राप्त नहीं होंगे।

रामायण में देखा जाए तो श्रीराम ने सुग्रीव पर और सुग्रीव ने वानरों पर गजब का विश्वास किया था। सुग्रीव ने श्रीराम को आश्वस्त किया था कि *सब प्रकार करिहुँ सेवकाई, जेहि बिधि मिलिहि जानकी माई॥* मैं सब प्रकार आपकी सेवा करूँगा, जिस उपाय से जानकीजी आकर आपको मिल जाएँ। श्रीराम से सुग्रीव की पहली ही मुलाक़ात में यह वार्तालाप हुआ था।

श्रीराम के पास यह विकल्प था कि वे सीता की खोज जैसे महत्वपूर्ण कार्य के लिए या तो सुग्रीव से मित्रता करें या बालि से। बालि उस समय बलशाली था और राजा था किंतु श्रीराम ने मैत्री सुग्रीव से की क्योंकि बालि अहंकारी था और अनुचित, अन्याय के प्रति विरोध नहीं करता था।

एक और महत्वपूर्ण पक्ष यह था कि श्रीराम और सुग्रीव की

मैत्री हनुमानजी ने करवाई थी। यह श्रीराम की विशिष्ट शैली थी कि उन्होंने विवेक से सुग्रीव पर विश्वास किया।

जिस पर विश्वास किया जाए, उसे पूरा अधिकार भी दिया जाए। इस सिद्धांत का पालन करते हुए श्रीराम ने सुग्रीव से मैत्रीधर्म का निर्वाह किया था। श्रीराम ने सुग्रीव पर पूरा विश्वास कर अधिकार दिया कि वे सीता की खोज करें। इसी विश्वास की प्रेरणा का आधार था कि सुग्रीव ने अपनी पूरी ताक़त सीता की खोज में झोंक दी।

अपने वानरों से उन्होंने कहा था – *राम काजु अरू मोर निहोरा, बानर जूथ जाहु चहुँ ओरा।।* हे वानरों के समूह यह श्रीराम का कार्य है और मेरा अनुरोध है तुम चारों तरफ़ जाओ और माता सीता की खोज करो। श्रीराम ने सुग्रीव को निर्णय लेने का अधिकार दिया और सुग्रीव उस पर खरे उतरे। सीता की खोज हुई और लक्ष्य की प्राप्ति। यह तथ्य हमारे पारिवारिक मामलों में भी एक बड़ा सबक़ है।

जीवन की अधिकांश व्यवस्थाएँ परस्पर विश्वास पर ही चलती हैं। कोई भी काम हो बिना विश्वास के परिणाम प्राप्त नहीं हो सकते। जिस पर विश्वास किया जाए, अगर उसे अधिकार भी दे दिए जाएँ तो परिणाम सिर्फ़ सकारात्मक ही होंगे।

68

अंदरूनी प्रेम बढ़ाती है पूजा

भारतीय परिवारों की जीवनशैली में इन दिनों अनेक परिवर्तन आते जा रहे हैं। इन्हीं में एक बड़ा परिवर्तन यह है कि परिवार के सदस्य अपने आपसी संबंधों के अलावा परिवार के बाहर के लोगों से भी अधिक संबंध बनाने लगे हैं। कई बार तो लगता है कि विश्वास के मामले में भी परिवार के सदस्यों से ज़्यादा गैरों पर भरोसा किया जा रहा है। पति-पत्नी में इस बात के भी झगड़े हो जाते हैं कि दोनों ने कुछ ऐसे मित्र बना लिए हैं जिन पर एक-दूसरे को आपत्ति है।

माता-पिता भी बच्चों से यह शिकायत करते मिलते हैं कि तुम्हारे दोस्त हमें पसंद नहीं हैं। कई बार तो बच्चों पर दबाव बनाना पड़ता है कि इसे छोड़कर उससे दोस्ती करो। यदि आपके जीवन में कभी ऐसी घटना घट रही हो कि आपके परिवार का सदस्य जिससे मित्रता रख रहा हो वह मित्र आपको पसंद नहीं हो तब सावधानी से इस मामले को निपटाएँ। वरना हाथ केवल कलह ही आएगी।

पहली सावधानी तो यह देखें कि कहीं आप उस मित्र या संबंध को लेकर पूर्वाग्रह से ग्रसित तो नहीं हैं। इस बात का चिंतन भी करिएगा कि आपके परिवार के सदस्य उस दूसरे मित्र या संबंध से ऐसा क्या प्राप्त कर रहा है जो आप नहीं दे पा रहे हैं। लिहाजा सबसे पहले उस वैक्यूम की भरपाई आप करिए। इसलिए सबसे पहले पूर्वाग्रह से मुक्त हो जाएँ और प्रेम से भर जाएँ, क्योंकि जिसके भीतर

प्रेम होगा उसकी दृष्टि निर्दोष होगी।

अपने भीतर प्रेम बढ़ाने के लिए पूजा बहुत अच्छा माध्यम है। सभी घरों में सदस्य थोड़ा समय पूजा-पाठ में देते हैं। इसे केवल कर्मकांड की दृष्टि से नहीं लें, बल्कि इसलिए करें कि हम प्रेम के मामले में रिचार्ज हो रहे हैं और जब प्रेमपूर्ण होकर अपने घर के सदस्यों के अन्य मित्रों और संबंधियों को देखेंगे तो नुक़सान की जगह फ़ायदा ही उठाएँगे।

जिसके भीतर प्रेम होगा उसकी दृष्टि निर्दोष होगी। अपने भीतर प्रेम बढ़ाने का सबसे अच्छा माध्यम पूजा है। पूजा को केवल कर्मकांड की दृष्टि से नहीं लेते हुए इसलिए करें कि हम प्रेम के मामले में रिचार्ज हो रहे हैं।

69

प्रशंसा में बोलें, आलोचना में मौन साधें

जीवन में कुछ लोगों से कुछ घटनाओं पर बोलना भी पड़ता है और मौन भी रखना पड़ता है। इस मामले में अत्यधिक सावधान रहिए कि कब बोलना है और कब चुप रहना है। यह सावधानी घर और बाहर दोनों जगह रखनी होगी। चलिए, घर-परिवार की बात करते हैं।

हमें हमारे परिवार के कई सदस्यों से यह शिकायत सुनने मिल जाएगी कि आपने कभी हमारी प्रशंसा की ही नहीं। हमने हमेशा अच्छे काम किए पर घर में किसी ने तारीफ नहीं की। शिकायत यहाँ तक आगे बढ़ जाती है कि काम हमने अच्छे किए पर क्रेडिट दूसरा सदस्य ले गया और आप चुप रहे। वाणी की मुखरता और मौन दोनों यदि गलत समय हों तो परिवार में कलह का कारण होता है।

अपने परिवार के सदस्यों के मामले में कुछ क्षेत्र में जरूर बोलिए। जैसे : खान-पान, पहरावे, दिखने, खेल में, सफलता पर, शिक्षा में और कला के समय उन्हें प्रेरित और प्रोत्साहित करने के लिए जरूर बोलिए। इस समय आपकी चुप्पी महँगी पड़ सकती है और जब इन्हीं क्षेत्रों में आलोचना करना हो या किसी कारण से आपको आवेश आ रहा हो तो मौन साधिए।

अपने पारिवारिक सदस्यों की अच्छाई देखने में लोग अकारण कंजूस हो जाते हैं। एक काम करते रहिए। अपने निकट के सदस्यों द्वारा किए गए अच्छे कामों की सूची अपनी डायरी में ज़रूर बनाएँ।

हम दिल की क़िताब में उनके द्वारा किए गए हमारे नापसंद कामों की सूची तो रखते हैं लेकिन उनके अच्छे कामों की लिस्ट ज़रूर बनाएँ।

उस समय को अपने मानसिक पटल पर जरूर अंकित करें जब उन्होंने अच्छे काम किए हों। फिर इन स्मृतियों को शब्द दें और मुखर हो जाएँ। तब उनको लगेगा कि आप तारीफ़ भी कर रहे हैं तो दिल से कर रहे हैं क्योंकि आपने इसकी पूरी तैयारी की है। इससे आप स्वयं को भी शांत पाएँगे।

कब बोलना है और कब चुप रहना है यह बड़ी सावधानी का विषय है। वाणी की मुखरता और मौन दोनों यदि ग़लत समय हो तो परिवार में कलह का कारण होता है। किसी के अच्छे काम पर ज़रूर बोलिए, आलोचना की स्थिति में मौन रहिए।

70

प्रदर्शन नहीं श्रद्धा का विषय है भक्ति

इस समय जब जीवन का हर क्षेत्र प्रदर्शन से ही महत्वपूर्ण या ग़ैर महत्वपूर्ण हो रहा है उस वक़्त धर्म के क्षेत्र में भी प्रदर्शन सिर चढ़कर बोल रहा है। जबकि धर्म में प्रदर्शन का कोई स्थान नहीं होना चाहिए। धर्म की जान है श्रद्धा। धर्म-क्षेत्र की सारी क्रियाएँ श्रद्धा से आरंभ होकर श्रद्धा पर समाप्त होनी चाहिए, लेकिन इस वक़्त प्रदर्शन ही पूजा जा रहा है। कई जगह तो परिवार की व्यवस्थाएँ भी प्रदर्शन से अछूती नहीं हैं। जबकि यहाँ भी प्रदर्शन की कोई गुंजाइश नहीं होना चाहिए।

कथाओं के पहले कलश यात्राएँ निकल रही हैं, यहाँ भी प्रदर्शन। कलश यात्रा कितनी बड़ी-लंबी हो सारी ऊर्जा इसी में लगाई जाती है। परमात्मा कैसे प्राप्त हो इस बात की न तो किसी को चिंता है और न ही इसके लिए ऊर्जा ख़र्च करने का भाव है। कलश यात्रा का सीधा-सा अर्थ है गागर में सागर भर देना।

कुछ मामलों में भारतीय संस्कृति अनूठी है। विराट कार्य को भी संक्षेप में कर लेना यह कला हमारे ऋषि-मुनि पहले से जानते थे। आज हम भारतीयों को प्रदर्शन का शौक़ चढ़ गया है इसीलिए भक्ति भी श्रद्धा और निजी विषय से हटकर दिखावे का खेल बन गई है। इस प्रदर्शन के कारण भक्ति के भीतर जो अंतरभाव है उसका विकृतिकरण हो गया है।

कभी-कभी तो शोभायात्राएँ देखकर ऐसा लगता है कि यह

धरना-प्रदर्शन है या परमात्मा की ओर चलने का अभ्यास। वैसे तो भगवान को ये दोनों ही पसंद है। परमात्मा का मानना है कि धरना हो लेकिन अपने भीतर उतरकर अपने साथ बैठ जाएँ । यह धरना ईश्वर को प्रिय है। भगवान यह भी चाहता है कि प्रदर्शन करना हो तो अपने पाप का करो और गोपन करना हो तो पुण्य का करो।

मूल बात यह है कि श्रद्धा बचाई जाए। श्रद्धा का उपयोग करना आना चाहिए। इसका कोई प्रशिक्षण नहीं होता, इसका कोई कर्मकांड नहीं होता। यदि श्रद्धा है तो बिना कलश के परमात्मा उतर जाएगा और नहीं है तो हर कर्मकांड बोझ बन जाएगा।

परिवार व धर्म में प्रदर्शन का कोई स्थान नहीं होता। लोग अपने पापों को छिपाते हैं तथा पुण्यों का प्रदर्शन करने लगे हैं। भगवान कहते हैं प्रदर्शन करना हो तो अपने पापों का करो और गोपन करना हो तो पुण्य का।

71

परमात्मा से परमात्मा को ही माँग लें

लेन-देन के इस युग में आध्यात्मिक क्षेत्र में भी यह सवाल उठता है कि यदि परमात्मा मिल जाए तो उससे क्या माँगा जाए? इस समय हर आदमी किसी न किसी से कुछ न कुछ माँग रहा है। परिवार भी माँगों या अपेक्षाओं पर टिककर रह गए हैं। माता-पिता संतानों से सम्मान माँग रहे हैं, संतानें माता-पिता से ध्यान माँग रही हैं, पति माँग रहा है कि पत्नी मेरे हिसाब से चले और जिए, पत्नी की माँग है कि मेरा सोचा सब होता रहे। मालिक नौकर से अधिकतम परिणाम माँग रहा है तो काम करने वाले अधिक वेतन चाह रहे हैं। सब जगह माँग है। ऐसे में लोगों ने तैयारी कर ली है कि कभी भगवान हाथ लग जाए तो उससे भी माँग का सौदा किया जाएगा।

गुरुनानकदेव ने एक जगह कहा है मालिक मिले तो मालिक से मालिक को ही माँगना। इससे कम का सौदा मत करना। क्योंकि उससे दुनिया माँगोगे तो वो दे भी देगा। मालिक देते-देते थकता नहीं है, पर हम लेते-लेते जरूर थक जाएँगे। जो लोग लंबी-लंबी अरदासें करके माँगते हैं उनको परमात्मा बार-बार जन्म दे देता है और हम देह के चक्कर से छुटकारा नहीं पा पाते।

माँगें जितनी कम होंगी उतना ही देह का भान शून्य हो जाएगा। जितना देह से अधिक हटेंगे उतने ही अधिक शांति के निकट पहुँच जाएँगे। ऐसा मौक़ा जीवन में आता जरूर है कि परमात्मा हमारे सामने

खड़ा होगा। हमें मनुष्य शरीर उसने दिया ही इसलिए है कि हम इसकी सर्वश्रेष्ठ उपलब्धि प्राप्त कर लें और वो है एक दिन उससे सामना हो जाना।

कई कथाओं में वर्णन भी आता है कि भगवान जिनको मिला उनसे पूछता है - बोलो क्या दूँ? और भक्त यहीं चूक जाते हैं। हमारी तैयारी होना चाहिए कि बड़ी उपलब्धि हो तो सौदा भी बड़ा करें। परमात्मा से परमात्मा को ही माँग लें।

कब, किससे, क्या और कितना माँगा जाए यह बहुत महत्वपूर्ण है। परिवार में तो परस्पर माँग या अपेक्षाएँ होनी ही नहीं चाहिए। माँगें जितनी कम होंगी व्यवस्था उतनी ही संतोषप्रद होगी।

72

सांसारिक भीड़ से मुक्ति के बिना भक्ति नहीं उतर सकती

आधुनिक व्यक्ति दूसरों में अपना अनिष्ट देखने की आदत से मजबूर हो गया है। यह समय सभी के प्रति संदेह का दौर हो गया है। कई जगह तो परिवारों व गृहस्थियों में भी ऐसी स्थिति है, हर सदस्य एक-दूसरे को संदेह की दृष्टि से देखता है। हर व्यक्ति हानि की कल्पना से भयभीत है।

कोई भी काम करने जाओ तो भविष्य के प्रति क्षोभ, चिंता, उद्वेग, व्याकुलता, दु:ख और अविश्वास हमारे अंतरमन में सबसे पहले मँडराने लगते हैं। ऐसा इसलिए भी होता है कि हम सब भीड़ में जीने के आदी हो गए हैं। बाहर भी और भीतर भी।

पैदा होते ही हम भीड़ से घिर जाते हैं और फिर आदत सी पड़ जाती है कि कोई न कोई साथ रहे। आदमी शादी भी इसीलिए रचाता है कि अकेले ज़िंदगी नहीं कटेगी। उपद्रव करने के लिए दो ही लोग काफ़ी हैं। कभी-कभी तो मात्र दो लोग हजारों की भीड़ से अधिक अशांति अपने आसपास पैदा कर लेते हैं।

इस बाहर की भीड़ ने धीरे-धीरे हमारे भीतर भी अधिकार जमा लिया है। ईमानदारी से अपने अंदर झाँकें तो एक भी ऐसा कोना नजर नहीं आएगा जहाँ आप एकांत में बैठ सकें। और तो और सोते समय भी यह भीड़ साँस के माध्यम से हमारे भीतर घुस जाती है।

यहीं से हमारे भीतर क्रोध का जन्म होता है। हमारे द्वारा ही लाई गई भीड़ हमें ही बाधा पहुँचाने लगती है और फिर हम उस पर जो क्रोध करते हैं वह अलग-अलग रूप में हमारे व्यक्तित्व में झलकता है। इन अनचाहे मेहमानों को रवाना करने की तैयारी करने वाले लोग सही मायने में भक्त हो सकेंगे।

भीड़ और उसका शोर यदि भीतर है तो भले ही जंगल में भी चले जाएँ या बिल्कुल अकेले अपने बेडरूम में चले जाएँ तब भी हम घिरे रहेंगे और अशांत होंगे। इसलिए जीवन और ख़ासकर पारिवारिक जीवन में अगर शांति और भक्ति को उतारना है तो जब भी मौक़ा लगे, इस भीड़ से मुक्ति पाने की तैयारी रखिए।

पारिवारिक जीवन में अगर शांति और भक्ति को उतारना है तो बाहर की भीड़ से मुक्त होना होगा। संसार की भीड़ हमें एक-दूसरे पर संदेह करना तो सिखाती ही है, हमारे अंतरमन में भविष्य के प्रति क्षोभ, चिंता, उद्वेग, व्याकुलता, दुःख और अविश्वास भी पैदा करती है।

73

निराशा और ईर्ष्या से बचाव का तरीक़ा है नाम जप

जीवन में आलस्य, निराशा और अहंकार ये तीनों जब एक साथ आते हैं तो आदमी के भीतर एक नई वृत्ति का जन्म होता है जिसका नाम है ईर्ष्या। यह वृत्ति जब परिवार में प्रवेश कर जाती है तो परिवार का विघटन शुरू हो जाता है। 'हम सबसे ऊँचे और दूसरे सब हमसे छोटे,' यहीं से अहंकार शुरू होकर अपना काम दिखाता है। दूसरे की प्रगति देखकर स्वयं अधिक परिश्रम नहीं करना एक आलस्य है। इससे हीन भावना पैदा होती है और व्यक्तित्व पर ईर्ष्या छा जाती है।

सफलता नहीं मिले तो निराशा आना स्वाभाविक है। इसलिए ऐसी स्थितियों से बचाव का एक तरीक़ा अध्यात्म सुझाता है और वह है निरंतर नामजप। मन में जप चलेगा तो दूसरों के प्रति बुराई, अपयश की कामना करना इन सबसे बच जाएँगे। प्रतिस्पर्धा अनुचित नहीं है लेकिन इसे केवल वस्तुगत मानकर बाहर रखना चाहिए। स्पर्धा हमारे भीतर जोश भर दे यहाँ तक तो ठीक है, किन्तु ईर्ष्या भरने लगे तो तत्काल नाम जप आरंभ कर देना चाहिए।

अपने गुरुमंत्र, अपने परमात्मा का नाम लेते रहने से हमारे शरीर के पाँच तत्व चार्ज रहते हैं। यह शरीर पंचतत्व – पृथ्वी, पानी, अग्नि, वायु और आकाश से बना है। नाम सुमिरन इन पाँचों को आपस में

ठीक से जोड़े रखता है। एक-दूसरे से ठीक से जुड़े फूल गुलदस्ता हो जाते हैं। फूल की उपयोगिता और ख़ूबसूरती उसके गुलदस्ते और माला होने में है।

इसलिए नाम-जप करते रहिए। बिना नाम-जप के ये पाँचों तत्व बिखरे-बिखरे रहेंगे और दुर्गुण इन पर आसानी से कब्ज़ा बना लेंगे। इसलिए प्रतिस्पर्धा करें लेकिन ईर्ष्या नहीं करें। नाम-जप करें, फिर प्रतिस्पर्धा में उतरें तब सफलता अलग ही रंग में नज़र आएगी।

आलस्य, निराशा और अहंकार मिलकर आदमी के भीतर ईर्ष्या की वृत्ति पैदा करते हैं। ईर्ष्या अपने साथ निराशा लेकर आती है। ऐसी स्थिति से बचने का एक ही तरीक़ा है - निरंतर नाम जप।

74

तर्क का उपयोग ठीक से हो जाए तो भक्ति सँवर सकती है

वैसे तो भक्ति श्रद्धा का विषय है, लेकिन आज का समय तर्क और विज्ञान का है। इसलिए भक्ति को थोड़ा समझकर जीवन में उतारना होगा। तर्क का उपयोग ठीक से हो जाए तो भक्ति सँवर सकती है, वरना तर्क जीवनभर के लिए उलझा भी देते हैं। भारत में श्रेष्ठतम तार्किक पैदा हुए हैं। कभी काशी थी ही तार्किकों की। पूरे देश का तर्क वहाँ जन्मा था। तर्क को काशी ने आख़िरी सीमा तक पहुँचा दिया था।

कहते हैं जब कोई विद्वान काशी से लौटता तो देश में उससे कोई तर्क नहीं करता था। वहाँ से लौटना प्रमाण था, गवाही थी विचारों के विजय की। कहावत थी जिसने काशी जीता उसने संसार जीत लिया। घर-घर में तार्किक हुए थे। लेकिन इसी काशी में कई भक्त भी हुए।

तुलसीदासजी ने *रामचरितमानस* जैसा भक्तिपूर्ण ग्रंथ काशी से गुज़रकर ही लिखा था। तुलसी वो व्यक्ति थे जो तर्क की गहनतम स्थिति, खोज, अन्वेषण की बारीक नजर से गुजरे थे। इतनी समझ के बाद भी वे कई संतों की तरह नासमझ होने को तैयार हो गए, क्योंकि *रामचरितमानस* जैसा ग्रंथ समर्पण के साथ लिखा जा सकता है और समर्पण में बहुत समझदार होने की जरूरत नहीं होती।

तर्क की आख़िरी सीढ़ी पर एक भक्तिपूर्ण जीवन शुरू होता है।

यह भारत के कई संतों ने अपने जीवन से बताया है। हमारे देश में ऐसे कई विलक्षण और अद्‌भुत व्यक्तित्व हुए हैं जिनका जीवनचक्र तर्क व भक्ति का संतुलन बताता है।

आज हताशा और पराजय को आशा और विजय में बदलने के लिए अनेक प्रयास किए जाते हैं। संतों की नूतन भक्ति पद्धति को यदि ठीक से पकड़ लें तो हमें भी वह मस्ती मिल जाएगी जो भारत की धरती पर कई फ़क़ीरों ने उठाई है।

तर्क और विज्ञान के इस युग में भक्ति भी सोचने-समझने का विषय हो गई है। तर्क का उपयोग ठीक से हो जाए तो भक्ति सँवर सकती है। तर्क की आख़िरी सीढ़ी पर एक भक्तिपूर्ण जीवन शुरू होता है।

75

पूजा का रूप है बड़े-बूढ़ों की सेवा

घर-परिवार में बड़े-बूढ़ों के रहने से एक अदृश्य शुभ शक्ति बनी रहती है। इस बात की अनुभूति अनेक लोगों को अपने जीवन में होती रही है। भारतीय संस्कृति के धर्म ग्रंथों ने वृद्धजनों को देवतुल्य माना और उससे भी आगे ले जाकर परमात्मा का स्वरूप भी बना दिया है। बड़े-बूढ़ों की सेवा पूजा का ही रूप है। ऐसा मानने वाले लोग भी कभी-कभी जब एक छत के नीचे बड़े-बूढ़ों के साथ रहते हैं तो एक अलग क़िस्म की परेशानी भी महसूस करते हैं।

वृद्ध लोगों के अनुभवों का अहंकार आड़े आ ही जाता है। परिवार छोटे हो चले हैं और दिक़्क़तें बड़ी होती जा रही हैं। घर में भी दृष्टिकोण व्यावसायिक हो रहा है। समय की कमी सबके पास है। ऐसे में दो पीढ़ी के बीच झंझट होना स्वाभाविक हो जाता है। वृद्ध व्यक्ति में भी कमज़ोरियाँ होती हैं। शरीर साथ नहीं देता तो गलतियाँ भी करते रहते हैं। इधर, नई पीढ़ी को सिखाया जाता है कि उन्हें देवतुल्य मानकर सेवा करें और उधर इस गुज़रती पीढ़ी के आचरण में भी दोष आना स्वाभाविक है।

जब ऐसा हो तब मध्य मार्ग निकालना ही पड़ेगा। इस समय घरों में जो बुज़ुर्ग लोग हैं और ठीक उनके बाद की जो नई पीढ़ी है वह तो फिर भी सेवा कर लेगी लेकिन वर्तमान की यह पीढ़ी जब भविष्य में बूढ़ी होगी तो इनके बच्चे क्या इनकी सेवा कर पाएँगे? यह सवाल

अभी से वर्तमान पीढ़ी के भीतर अँगड़ाई लेने लगा है। माँ की छाती और पिता के हाथ की छाया का जो आनंद उनके पास है क्या ये आने वाली पीढ़ी के नए बच्चों को दे रहे हैं।

यदि यह ट्रांसफर ठीक ढंग से हो गया तो भविष्य में बुजुर्गों का सेवाभाव बना रहेगा और इसीलिए हमने परमात्मा में माता और पिता का स्वरूप देखा है। उन्हें याद करके हमें जन्म देने वालों का इसी भाव से हम मान करें।

भारतीय संस्कृति के धर्म ग्रंथों ने वृद्धजनों को देवतुल्य माना और उससे भी आगे ले जाकर परमात्मा का स्वरूप भी बना दिया है। इनके सम्मान भाव का ट्रांसफर यदि नई पीढ़ी में ठीक ढंग से हो गया तो भविष्य में बुजुर्गों का सेवाभाव बना रहेगा।

76

सभी का संकल्प हो 'परिवार बचाओ'

हर मनुष्य के भीतर अच्छी और बुरी बातों का सिलसिला चलता रहता है। भीतर के विचार मौक़ा पाते ही बाहर क्रिया में बदलने लगते हैं। समझदार लोग बुरे विचारों को कर्म में परिवर्तित होने से रोक देते हैं और पूरी ताक़त लगाते हैं कि अच्छे विचार कर्म में उतर जाएँ।

अच्छे विचार जब कर्म में उतरते हैं तो एक अलग ही अनुभूति होती है। रिश्तों को निभाने में इसी अनुभूति की जरूरत पड़ती है। आपके भीतर जो कुछ भी अच्छा है उसे रिश्ते निभाते समय बाहर निकालिए।

भारत सारी दुनिया में अपनी परिवार व्यवस्था के लिए जाना जाता है। परिवारों में रिश्ते यदि ठीक से नहीं निभाए गए तो परिवार टूटने में समय नहीं लगेगा। परिवार बचाना भी एक बड़ी राष्ट्र सेवा है।

परिवार को एक सूत्र में जोड़ने के लिए *श्री हनुमानचालीसा* बहुत प्रभावशाली है, लेकिन तब जब इसे साँस से जोड़कर जीवन में उतारा जाए। इससे व्यक्तित्व प्रेमपूर्ण होगा और प्रेमपूर्ण व्यक्ति कभी परिवार को नहीं टूटने देगा।

हम सभी का संकल्प होना चाहिए 'परिवार बचाओ।' इससे

जुड़कर हम अपने आज के परिवार को तो बचाएँगे ही, अपनी आने वाली पीढ़ी को भी एक ऐसी दिव्य और शांत गृहस्थी सौंप सकेंगे, जिसकी खोज में आने वाले वक्त में वे लोग बहुत परेशान रहने वाले हैं।

भारतीय संस्कृति के धर्म ग्रंथों ने वृद्धजनों को देवतुल्य माना और उससे भी आगे ले जाकर परमात्मा का स्वरूप भी बना दिया है। इनके सम्मान भाव का ट्रांसफर यदि नई पीढ़ी में ठीक ढंग से हो गया तो भविष्य में बुजुर्गों का सेवाभाव बना रहेगा।

77

काम को उत्सव समझें, जीवन आनंद से भर जाएगा

प्रतिस्पर्धा के इस युग में बिना परिश्रम के कुछ नहीं मिलता। जिन्हें मिल रहा है वे भी खो देंगे। इसलिए ख़ूब परिश्रम किया जाए। आजकल 14 घंटे काम करना कोई बड़ी बात नहीं मानी जाती। लेकिन एक सवाल का उत्तर समय रहते ढूँढ़ लिया जाना चाहिए और वह है जीवन केवल काम है या उत्सव भी। इसे सिर्फ़ काम मानेंगे तो क्रोध, लोभ और अहंकार ये सब पीछे चले आएँगे। और जब ये आएँगे तो परिवार की व्यवस्था बिगड़ेगी ही।

फ़क़ीरों से सीखें वे लोग किस तरह काम को उत्सव की तरह जीते हैं। जीवन का आनंद उत्सव है, काम नहीं। अत्यधिक काम करने वालों ने हर चीज को काम में बदल दिया और इस कारण पारिवारिक जीवन को तनाव से भर दिया है। विश्राम की आशा में दौड़ते हैं और इसी चक्कर में दफ्तर चला आता है घर में और घर चला जाता है दफ्तर में। परिणाम होता है तनाव। और यही तनाव कई बार पारिवारिक अशांति का कारण बन जाता है।

देखिए, काम पशु-पक्षी भी करते हैं पर उत्सव की तरह। सिर्फ़ आदमी ही काम को काम की तरह करता है। हम प्रसन्नता को पोस्टमोड करते हैं। 'हरिबोल' की जगह 'हरिअप' चिल्ला रहे हैं सब। 'रनअप' को 'रामबोल' में बदल दें। 'कमअप' को 'कृष्ण बोल'

में बदल दें। 'शटअप' को 'शिव बोल' में परिवर्तित कर दें। ये शब्द भी हमें उत्सव सा आनंद देंगे।

अब तो उत्सव की जगह मनोरंजन आ गया। उत्सव हमें हमारे ही भीतर उतारता है और मनोरंजन बाहर फेंकता है। उत्सव में तमाम परिश्रम के बाद भी विश्राम की अनुभूति हो सकती है लेकिन मनोरंजन परिणाम में मानसिक तनाव छोड़ जाता है।

इसलिए भारतीय संस्कृति ने उत्सव को बड़ा महत्व दिया है। अपने काम को सेलिब्रेट करें, इसमें इंटरटेनमेंट अपनेआप हो जाएगा। और जब ऐसा होगा तो परिवार की शांति तो आना ही है।

प्रतिस्पर्धा के इस युग में सभी को काम तो करना ही है। जीवन का आनंद उत्सव है, काम नहीं। इसलिए हर काम को उत्सव मानकर करने से तनाव को भी आनंद में बदला जा सकता है।

78

स्वयं के भीतर उतरकर अपने 'मैं' को ढूँढ़िए

हमारे आगे-पीछे क्या घटता है इससे ज़्यादा यह ज़रूरी है कि हमारे भीतर क्या घटता है। हम जब भी भीतर उतरते हैं हमारी मुलाक़ात हमारे ही 'मैं' यानी अहंकार से होगी। परमात्मा प्राप्ति में सबसे बड़ी बाधा 'मैं' होता है। इस 'मैं' के कारण ही हमारा रूपांतरण नहीं हो पाता। यह 'मैं' बड़े सूक्ष्म तरीक़े से काम करता है। ज़रा गौर से देखें तो पाएंगे 'मैं' के अतिरिक्त पाप नहीं। 'मैं' का संसार ही अलग है, इस 'मैं' को छोड़ना पड़ेगा। यह हमें आग की लपटों में घिरा देता है।

संसार में तीन तरह की लपटें हैं - पहली तृष्णा की लपट : जो मेरे पास नहीं है वह मेरे पास आ जाए, किसी भी तरह आ जाए। दूसरी क्रोध की लपट : जब तृष्णा में बाधा हो तो क्रोध आता है। और तीसरी लपट है लोभ की। लोभ यानी जो मुझे मिल गया वह मेरे पास ही रहे। इसके लिए चाहे मुझे खुद नीचा गिरना पड़े या दूसरे को गिराना पड़े।

इन तीनों लपटों के भीतर अहंकार भी पैदा होता रहता है। क्रोध अहंकार का भोजन है, तृष्णा अहंकार का फैलावा है और लोभ अहंकार का पैर जमाकर खड़ा हो जाना है। और जब ये तीनों या इनमें से कोई एक भी पारिवारिक व्यवस्था में प्रवेश कर जाएँ तो समझो सारी व्यवस्थाएँ बिगड़नी शुरू हो जाएँगी। एक साथ ये लपटें बुझ जाएँ तो अहंकार भी बुझ जाएगा और परिवार टूटने से बच जाएँगे।

जहाँ अहंकार बुझा वहाँ शून्य पैदा होगा और उसी शून्य में परमात्मा अवतरित होगा। इसलिए जब लगे कि आप अकारण और अत्यधिक क्रोधित हो रहे हैं तो अपने भीतर उतरकर अपने 'मैं' को ढूँढ़िए। 'मैं' पकड़ में आएगा तो अहंकार पकड़ में आ जाएगा। इन दोनों को जैसे-जैसे गलाएँगे क्रोध शांत होने लगेगा। इसलिए परमात्मा की यात्रा में अपने भीतर उतरकर ऐसे प्रयोग करने ही पड़ेंगे।

क्रोध, तृष्णा और लोभ अहंकार के पोषक हैं। जब ये तीनों या इनमें से कोई एक भी पारिवारिक व्यवस्था में प्रवेश कर जाएँ तो सारी व्यवस्थाएँ बिगड़नी शुरू हो जाती हैं। जो परिवार इनसे बच गया वह टूटने से बच जाएगा।

79

प्राणी और प्रकृति से पवित्र प्रेम बनाए रखें

संघर्ष के युग में जाने-अनजाने मनुष्य सख़्त बनता जाता है। दुराव-छुपाव सफलता के लिए जरूरी समझा जाता है, इस कारण कठोरता का आवरण धीरे-धीरे व्यवहार से स्वभाव में उतर जाता है। परिवार प्रबंधन में किसी प्रकार का दुराव-छुपाव ठीक नहीं। एक आदर्श पारिवारिक व्यवस्था किसी भी सूरत में इसकी इजाज़त नहीं देती।

अध्यात्म कहता है कि शांति प्राप्त करने के लिए करुणा का भाव आवश्यक है। हमारे यहाँ हर धर्म के संतों ने कहा है करुणा मत छोड़ना। इसीलिए जीव दया का सिद्धांत भी बताया गया है। प्रकृति के प्रति, प्राणियों के प्रति करुणा जितनी अधिक होगी उतनी ही सरलता से हम परमात्मा के निकट पहुँच जाएँगे।

परमात्मा का अर्थ केवल मंदिर में बैठे भगवान से नहीं लगा लिया जाए। परमात्मा जीवन की एक ऐसी शैली है जो परिश्रम के साथ आनंद भी देती है। इसलिए हम किसी भी क्षेत्र में कार्यरत हों, प्राणी और प्रकृति से पवित्र प्रेम बनाए रखें।

प्रकृति का प्रेम हमारे तन को स्वस्थ रखता है। जल और वृक्ष सीधे तन से जुड़े हैं। इनको बचाए जाने का अर्थ है अपने ही तन की रक्षा। मन को साधना हो तो प्राणियों से संबंधों में पवित्रता रखी जाए। हमारे यहाँ दो अवतार हुए हैं और दोनों ने ही प्राणियों से अपने संबंध रखकर हमें अद्‌भुत संदेश दिया है।

राम अवतार ने वानरों से और कृष्ण अवतार ने गायों से निकट का संबंध रखा। ये केवल कथा के पात्र नहीं हैं। इन दोनों अवतारों ने एक गहरा संदेश दिया है। वानर के तन की अगली कड़ी मनुष्य का तन है और गाय के आत्मा का अगला चरण मनुष्य की आत्मा है।

अत: तन और मन को साधने के लिए वानर के रूप में हनुमानजी आदर्श बने और गाय के रूप में गौमाता प्रकृति की प्रतिनिधि बन गई। इन दोनों से जुड़ने का अर्थ है अपने आसपास और भीतर शांति की स्थापना करना।

शांति प्राप्त करने के लिए करुणा का भाव आवश्यक है। प्रकृति के प्रति, प्राणियों के प्रति करुणा जितनी अधिक होगी उतनी ही सरलता से हम परमात्मा के निकट पहुँच जाएँगे।

80

सफलता के साथ शांति भी दिलाती है एडजस्टमेंट की कला

अध्यात्म कहता है 'एकांत साधो' लेकिन अध्यात्म यह भी सिखाता है कि जब संसार में रहें तो समूह को साधें। दुनियादारी में कई लोग ऐसे मिलेंगे जो हमें पसंद होंगे और नापसंद भी रहेंगे। एडजस्टमेंट की कला सफलता के साथ शांति भी दिलाती है।

हनुमान चालीसा की 32वीं चौपाई में तुलसीदासजी लिखते हैं- *राम रसायन तुम्हरे पासा, सदा रहो रघुपति के दासा।* आप अनंतकाल से श्रीरामजी के दास हैं। राम नाम रूपी रसायन (भवरोग की अमोघ औषधि) सदा आपके पास रहती है। इस चौपाई में हनुमानजी की दो अलग-अलग विशेषताओं की चर्चा आई है। एक तो उनके पास रामनाम का रसायन है और दूसरे वे रघुपति के निकट के सेवक हैं।

वृद्धावस्था और बीमारियों को दूर करने वाली औषधि को रसायन कहते हैं। जो लोग इस राम-रसायन का सेवन करते हैं उन्हें दीर्घायु, तीव्र स्मरण शक्ति, बुद्धि बल, आरोग्य, यौवन, तेज, सुवर्ण, मधुर कंठ, सुगठित देह तथा इन्द्रियों की पटुता प्राप्त होती है।

रसायन शास्त्र को विज्ञान में केमिस्ट्री कहते हैं। जीवन की केमिस्ट्री के फार्मूले श्रीहनुमानजी से प्राप्त किए जा सकते हैं। एक-दूसरे से मिलने पर तत्वों के परिवर्तन का अध्ययन केमिस्ट्री है।

व्यक्तियों और परिस्थितियों से घुल-मिलकर हमारे जीवन में

जो भी परिवर्तन या परिणाम हों वो अनुकूल रहें यह ज़िंदगी की सबसे अच्छी केमिस्ट्री होगी। इसे चेंज मैनेजमेंट भी कहते हैं।

आज का दौर लगातार बदलाव का दौर है। बदले हालात का सही आकलन कर ख़ुद को परिवर्तन कर लेने से मिसफ़िट या डिस्कम्फ़र्ट होने से बचा जा सकता है। हनुमानजी इसके लिए एक सरल तरीक़ा यह भी बताते हैं कि - ज़रा मुस्कराइए...।

दुनियादारी में कई लोग ऐसे मिलते हैं जो हमें पसंद भी होते हैं और नापसंद भी। यहाँ एडजस्टमेंट बहुत ज़रूरी होता है। एडजस्टमेंट की कला सफलता के साथ शांति भी दिलाती है।

81

जीवन का क़ीमती भाव है विश्वास

जैसे-जैसे समय बदल रहा है जीवन की कई बातों के अर्थ भी बदल रहे हैं। एक महत्वपूर्ण बात है जीवन की, वह है विश्वास। ख़ासकर परिवारों में विश्वास करने की वृत्ति लगातार खंडित होती जा रही है। लोगों के क्रियाकलाप ऐसे हो गए हैं कि समझ नहीं आता कि किस पर कितना विश्वास किया जाए।

आज के समय में यदि कोई किसी का विश्वास तोड़ता है तो उसकी चिंता भी नहीं पालता। पहले तो किसी का विश्वास तोड़ने पर तो मन भारी हो जाता था। अब तो लोग मन को हल्का करने के लिए विश्वास तोड़ने का खेल, खेल रहे हैं। यदि अवसर मिले तो दो काम जरूर करिए। ख़ुद की विश्वसनीयता लगातार बढ़ाएँ और दूसरों पर विश्वास करते समय सावधान रहें।

विश्वास जीवन के लिए बहुत क़ीमती भाव है। आज लोग क़ीमती चीज़ों को पसंद करते हैं। मुफ़्त में या सस्ती मिली हुई चीज़ की कोई क़ीमत नहीं होती। अच्छे व्यापारियों का नियम होता है कि जितनी क़ीमती लें, उतने मूल्य की वस्तु जरूर दें। यदि हम विश्वसनीय व्यक्ति हैं तो हमारे पास विश्वास जैसी क़ीमती चीज है। यदि हम किसी को यह दे रहे हैं, तो मुफ़्त में न दें। लोग मुफ़्त में मिली चीज़ का मोल नहीं समझते। कुछ न कुछ क़ीमत जरूर वसूलें।

आपकी विश्वसनीयता की एक क़ीमत तो हो ही सकती है कि

सामने वाले को प्रेरित कर संकल्प करवाएँ कि वह अच्छे विचारों का पालन करेगा। लोगों को अच्छे मार्ग पर ले जाने का संकल्प करवाना और फिर प्रेरित करना, इसे वसूलना पड़ता है। कोई आपको स्वयं को यूँ ही नहीं सौंप देता। आपको विश्वसनीय बनना पड़ेगा, तब वह आपके साथ दो क़दम चलेगा और उसके ये दो सही क़दम आपकी विश्वसनीयता के बदले वसूल की गई क़ीमत होगी।

जीवन में दो काम ज़रूर करें। दूसरों के प्रति खुद की विश्वसनीयता लगातार बढ़ाते जाएँ और दूसरों पर विश्वास करते समय सावधान रहें। यदि हम किसी के लिए विश्वसनीय हैं तो समझिए हमारे पास विश्वास जैसी क़ीमती चीज़ है।

82

समस्याओं का समाधान है किष्किंधा कांड

इस दौर में जिस तेजी से सुविधाएँ बढ़ी हैं उससे भी अधिक गति से समस्याओं की वृद्धि हुई है। किसी भी क्षेत्र के व्यक्ति हों, हमारे चार तरह के जीवन होते हैं और उन चारों जीवन में अपने-अपने ढंग की समस्याएँ भी रहती हैं।

एक होता है हमारा निजी जीवन। इसकी समस्या का संबंध होता है मन से। फिर होता है पारिवारिक जीवन। इसकी समस्याएँ शुरू होती हैं तन से। क्योंकि परिवार के सारे रिश्ते तन के होते हैं। हमारे जीवन का तीसरा भाग है सामाजिक जीवन। यहाँ जो समस्याएँ आती हैं उनका संबंध है जन से। जनसमुदाय के बीच हमें रहना पड़ता है। अच्छे या बुरे लोग हमारे जीवन को प्रभावित करते ही हैं। और चौथा जीवन है व्यावसायिक जीवन। इसका संबंध होता है धन से।

धन सब कुछ नहीं होता, लेकिन बहुत कुछ होता है। इस बहुत कुछ में ही आज के जीवन का प्रश्न समाया है। परिवार चलाने, धंधे-पानी की सारी दौड़-भाग धन के आगे-पीछे ही है। *श्रीरामचरित मानस* के चौथे सोपान किष्किंधा कांड में हनुमानजी ने इन चारों समस्याओं का समाधान बड़े व्यवस्थित ढंग से अपने चरित्र से बताया है।

किष्किंधा कांड का घटनाक्रम इस प्रकार है कि सीताजी का अपहरण हो चुका है। श्रीराम-लक्ष्मण ढूँढ़ रहे हैं। हनुमानजी से उनकी भेंट होती है। सुग्रीव से मैत्री की जाती है। सुग्रीव सीताजी की

खोज में वानर भेजते हैं। समुद्र के तट पर जाकर बंदरों को पता लगता है कि सीताजी लंका में हैं। तब जामवंत हनुमानजी से कहते हैं - आप ही को लंका जाना पड़ेगा और यहीं से सुंदरकांड आरंभ हो जाता है।

श्रीरामचरित मानस को इस संसार में केवल धार्मिक ग्रंथ ही न मान लिया जाए। जीवन और उसकी समस्याओं के समाधान के अद्‌भुत सूत्र इसमें बसे हुए हैं। किष्किंधा कांड में हम जैसे-जैसे हनुमानजी के साथ आगे बढ़ते हैं, जीवन की हर समस्या का समाधान मिलता जाता है।

हमारे चार प्रकार के जीवन होते हैं और हर एक की अपनी-अपनी समस्याएँ हैं। *श्रीरामचरित मानस* में जीवन और उसकी समस्याओं के समाधान के अद्‌भुत सूत्र बसे हुए हैं। किष्किंधा कांड में जीवन की हर समस्या का समाधान है।

83

बलवान व्यक्ति जीवन को आईने की तरह देखता है

यदि हम हर दिन जीवन को ग़ौर से देखें तो पाएँगे कि आक्रमण होते जा रहे हैं, बाहर भी और भीतर भी। संसार में प्रतिस्पर्धा के कारण हमले हैं और मनुष्य के भीतर दुर्गुणों के आक्रमण हैं। इसमें वे लोग बच जाएँगे जो वास्तव में बलवान हैं। आज बलवान होने का अर्थ भी बदल गया है। जो सत्पुरुष है वही बलवान है। जो यह जानता है कि हमारा होना क्या है वह बलवान है। जो अपनी ही प्रामाणिकता को ठीक से समझ चुका हो वह बलवान है। जिसके साथ परिवार का विश्वास है वह बलवान है।

इस दौर में शरीर, धन, बुद्धि, पद, प्रतिष्ठा, संगी-साथी, परिवार और साहस का बल जब ये सब एक साथ मिल जाएँ तब मनुष्य संपूर्ण रूप से बलवान माना जाएगा। यह दुस्साहस करके सफलता अर्जित करने का समय है। यदि आप अपनी योग्यता को समय पर और उचित परिस्थितियों में प्रकट नहीं करेंगे तो हो सकता है कि संसार आपके मार्ग में व्यवधान पहुँचाए। आधी दुनिया तो आपको शक्तिमान मानकर समर्पित हो जाती है और बाक़ी आधी दुनिया से मुक़ाबला आप अपने बलवान होने से कर सकेंगे।

यहाँ मुक़ाबला करने का अर्थ यह नहीं लिया जाए कि दूसरों को परेशान करें, लोगों का शोषण करें। बलवान होने का अर्थ है

आत्मबल, दृढ़ इच्छाशक्ति, खुद को पहचानने में समर्थ होना। ऐसा बली व्यक्ति यह जानता है कि जब जीवन में सुख आता है तो वह कहता है कि सुख आया है मैं सुख नहीं हूँ। दुःख आया लेकिन मैं दुख नहीं हूँ, मैं इनसे अलग हूँ। मेरी शक्ति मुझे परिस्थितियों से विलग करके रखती है।

वह जीवन को आईने की तरह देखता है। जैसे सुंदर चेहरा आने पर आईना ख़ुश नहीं होता और यदि कोई भी सामने न हो तो भी आईना वही रहता है। बलवान जीवन को ऐसे ही जीता है।

आज के समय में बलवान होने के कई मापदंड हैं। शरीर, धन, बुद्धि, पद, प्रतिष्ठा, संगी-साथी, परिवार और साहस का बल जब ये सब एक साथ मिल जाएँ तब मनुष्य संपूर्ण रूप से बलवान माना जा सकता है। बलवान होने का अर्थ है कि आत्मबल, दृढ़ इच्छाशक्ति, ख़ुद को पहचानने में समर्थ होना।

84

उठा हुआ हर क़दम सफलता की ओर बढ़ता ही है

जीवन यात्रा की लंबाई नापना कठिन है। हर व्यक्ति अपनी एक मंजिल देखता है। मंज़िल की दूरी कितनी है इसकी जानकारी रखने में बुराई नहीं है, लेकिन उसी में उलझ जाना ख़तरनाक है। दूरी का आँकड़ा यदि बड़ा हुआ तो हम घबरा जाएँगे। यह सूत्र भौतिक मंजिल और आध्यात्मिक लक्ष्य दोनों पर लागू होता है।

संसार की उपलब्धियाँ भी बड़ी और दूर हैं। इन्हें प्राप्त करने के लिए एक समान कार्य करना होगा। भगवान महावीर स्वामी ने एक जगह कहा है- 'जो चल पड़ा वह पहुँच ही गया।' जीवन प्रबंधन का यह अद्‌भुत सूत्र है। आचार्य श्रीराम शर्मा इसी बात को बड़ी गहराई से कहते हैं। हम चलने के पहले ही अपनी बैठी हुई असफलता का दोष तीन चीजों में आरोपित कर देते हैं- भाग्य, ईश्वर और दुनिया।

पारिवारिक व्यवस्थाओं का सफलतापूर्वक संचालन भी एक उपलब्धि है। जो लोग दोष को स्वयं में ढूँढ़ने में सक्षम होंगे वे ही सफलता के दृश्य देख सकेंगे। किसी ने महावीर स्वामी से कहा था कि तर्क की दृष्टि से उनका यह संवाद गलत बैठता है। यह बिल्कुल जरूरी नहीं है कि जो चल पड़ा वह पहुँच ही जाएगा। कोई रुक भी सकता है, कोई इच्छा से वापस बैठ सकता है। जरूरी नहीं कि बोया हुआ बीज वृक्ष बन ही जाए। लेकिन महावीर की भाषा इस समय

तथ्य की नहीं काव्य की भाषा है।

ओशो ने इसी को और आगे बढ़ा दिया कि जिसने कदम उठाया उसे मंज़िल मिलेगी ही, यदि आगे नहीं बढ़ता है तो यह उसकी मर्ज़ी है। लेकिन इसका अर्थ यह नहीं है कि वह व्यक्ति असमर्थ है। उठे हुए इस क़दम की बूँद में सफलता का सागर छिपा हुआ है। इसलिए क़दम ज़रूर उठाइए। कहाँ, कब और कैसे पहुँचेंगे इसकी फ़िक्र छोड़िए, शुरुआत तो कीजिए।

पारिवारिक व्यवस्थाओं का सफलतापूर्वक संचालन भी एक उपलब्धि है। कई बार हम अपनी असफलता का दोष तीन चीज़ों में आरोपित कर देते हैं - भाग्य, ईश्वर और दुनिया। कर्म किए बिना केवल इस पर टिक जाना ठीक नहीं। जो लोग दोष को स्वयं में ढूँढ़ने में सक्षम होंगे वे ही सफलता के दृश्य देख सकेंगे।

85

प्रार्थना में प्रतीक्षा का धैर्य भी समाया है

परिवार की व्यवस्थाओं में भक्ति का भी अपना स्थान है और भक्ति में प्रार्थना का बड़ा महत्व है। प्रार्थना विधि नहीं, उपचार है, प्रार्थना भक्ति का प्राण है। भक्ति समग्र से कम पर संतुष्ट नहीं होती। परिवार में प्रेम प्रार्थना के प्राथमिक रूप भक्ति की शुरुआत है। भक्त का जीवन बहुआयामी होता है। भक्त परमात्मा को कैसे याद करता है, नानक का उदाहरण देखिए। उन्होंने अजपा जप किया था।

हम जो कीर्तन और नृत्य करते हैं वह नक़ली प्लास्टिक के फूल जैसा है। घंटों राम-राम करते रहने से अभ्यास तो हो जाएगा पर बात ताज़े फूलों जैसी नहीं बनती। प्रार्थना में प्रतीक्षा का धैर्य भी समाया है। भक्त भगवान की प्रतीक्षा ऐसे करता है जैसे कहीं ऊपर चढ़कर खिड़की में से या ऊँचे स्थान से झाँका जाता है। ऊँचे जाने का अर्थ है कि जिसे योगियों ने सात चक्र कहा है, वह सीढ़ी हमारे अंदर है।

पहला - मूलाधार। इसमें सिर्फ़ कामवासना दिखाई पड़ती है। पुरुष को स्त्री, स्त्री को पुरुष। यह सबसे नीची सीढ़ी है। इसके ऊपर दूसरा चक्र स्वाधिष्ठान। इसमें स्त्री और पुरुष में देह ही नहीं, थोड़ा मन भी दिखेगा। तीसरा चक्र मणिपुर जो नाभि में है। इसमें दूसरों की आत्मा दिखेगी। चौथे चक्र अनाहत में हृदय दिखेगा। यहीं से हम कामवासना से मुक्त होंगे।

विशुद्ध चक्र जो कंठ में है, तक आते-आते न देह न मन न

आत्मा, बस हल्की सी झलक परमात्मा की क्षणभर दिखेगी और मिटेगी। आज्ञा चक्र में अब प्रकाश अधिक रुकने लगेगा। और आख़िरी सीढ़ी है सहस्त्रार। इस पर खड़े होकर जो देखेगा उसे परमात्मा के अलावा कुछ नहीं दिखेगा। इसलिए प्रार्थना द्वारा अपनी ऊर्जा को नीचे से ऊपर उठाने की तैयारी रखी जाए।

भक्ति में प्रार्थना का बड़ा महत्व है। परिवार में प्रेम प्रार्थना के प्राथमिक रूप भक्ति की शुरुआत है। जीवन में सफल होना हो तो प्रार्थना द्वारा अपनी ऊर्जा को नीचे से ऊपर उठाने की तैयारी रखनी होगी।

86

हम संसार में रहें, संसार हमारे भीतर नहीं रहे

बात परिवार की हो, समाज की या कि व्यावसायिक जीवन से जुड़ी हो, सफलता का एक सिद्धांत यह भी है कि या तो हालात को अपने अनुकूल बना लें या परिस्थितियों के अनुकूल बन जाएँ। दोनों ही स्थितियों में संघर्ष भले ही हो लेकिन सफलता सरलता से मिल जाती है। *श्रीहनुमानचालीसा* की 32वीं चौपाई है- *राम रसायन तुम्हरे पासा, सदा रहो रघुपति के दासा।* इसकी दूसरी पंक्ति में एक शब्द आया है - सदा। इन शब्दों को जीवन से जोड़कर देखें।

हनुमानचालीसा में जिस रसायन की चर्चा हुई है और जो हनुमानजी के पास है, इसका अर्थ है कि सभी परिस्थितियों के अनुकूल रहना। इस रसायन का आध्यात्मिक संदेश यह है कि हमारा रहना इस प्रकार हो कि हम संसार में रहें, संसार हममें न रहे। *सदा रहो रघुपति के दासा* इस पंक्ति में सदा शब्द बड़ा महत्वपूर्ण है।

श्रीराम ने हनुमानजी को उनकी उपयोगिता, उनके समर्पण और भक्ति के कारण सदा ही अपने पास रहने का गौरव दिया है। श्रीराम का मानना है पता नहीं कब, कौन-सी समस्या आ जाए। इसलिए समाधान हेतु श्री आंजनेय का साथ रहना ठीक है।

प्रबंधन का एक सीधा-सा सूत्र है यदि आप समाधान का हिस्सा नहीं हैं तो फिर आप स्वयं एक समस्या हैं। हनुमानजी का यह

समाधानकारी चरित्र हमें जीवन तत्वों का सही उपयोग करते हुए व्यक्तित्व विकास की प्रेरणा देता है।

सदा का एक अर्थ होता है सदैव यानी हमेशा, निरंतर। परमात्मा की निकटता एक बहुत बड़ी उपलब्धि है, यह सदा रहना चाहिए। यानी उपलब्धि हमेशा अपने जीवन में बनी रहे। ऐसा न हो कि आज सफल हुए और हमारी ही लापरवाही के कारण कल वह सफलता जीवन से फिसल जाए। हनुमानजी ऐसे ही सदा का गुर सिखाते हैं जो हमारे परिवार प्रबंधन में भी महत्वपूर्ण है।

समस्याओं के समाधान की बात की जाए तो हनुमानजी इसके अद्भुत देवता हैं। श्रीराम ने हनुमानजी को संकट मोचक के रूप में उनकी उपयोगिता, उनके समर्पण और भक्ति के कारण ही सदा अपने पास रहने का गौरव दिया है। परमात्मा की निकटता एक बड़ी उपलब्धि है। यह सदा बनी रहना चाहिए।

87

हाथ जोड़ने की आदत डालिए, स्वयं को विनम्र और शांत पाएँगे

मर्यादा परिवार का एक महत्वपूर्ण तत्व है। हाथ जोड़ने की क्रिया मर्यादा की प्रतीक है। भारतीय संस्कृति में हाथ जोड़कर नमस्कार करने की क्रिया बड़ी अद्‌भुत है। दोनों हाथ जोड़ने की क्रिया प्रार्थना में भी की जाती है। जब हर क्रिया जीवन से जुड़ जाए और उसके संदेश को ठीक से समझ लें तो वह क्रिया भी पूजा हो जाएगी। दुनिया के किसी और देश में दोनों हाथ जोड़कर नमस्कार करने की प्रथा शायद ही होगी। इसके पीछे एक परंपरा है, बोध है।

दो हाथ मनुष्य के भीतर जो द्वंद्व है, उसके प्रतीक हैं। हाथ जोड़ना निर्द्वंद्व अवस्था है। हाथ जुड़ गए तो समझ लें बुद्धि-हृदय, शरीर-आत्मा, जन्म-मृत्यु, सुख-दुःख, यश-अपयश, सफलता-असफलता सब संयुक्त हो गए। यह भक्त और भक्ति की स्थिति है। हमारी संस्कृति में राम मर्यादा में रहे, महावीर शांत रहे, बुद्ध गंभीर हुए और जीसस कम हँसे हैं। कृष्ण ने इन सबका आचरण थोड़ा-थोड़ा अपनी लीला में उतारा। इसलिए सबसे ज्यादा टुकड़े कृष्ण के हुए हैं। भक्तों ने जो चाहा, चुना। कोई गीता में, कोई भागवत में, कोई बालकृष्ण में कृष्ण से जुड़ता गया। श्रीकृष्ण ने नाचते हुए धर्म को पैदा किया था।

इन सब हस्तियों ने अपने-अपने समय में जो शांति उपलब्ध की है वह हमें हाथ जोड़ने से मिल सकती है। 24 घंटे में कुछ समय

हाथ जोड़ने की क्रिया ज़रूर करें। किसी से मुलाक़ात के समय हाथ मिलाने में कोई बुराई नहीं, लेकिन जो शांति हाथ जोड़ने से मिलेगी वह शायद मिलाने से नहीं मिले।

एकांत में बैठे हों तो हाथ जोड़ लें, आँखें बंद कर लें और थोड़ी देर कुछ भी नहीं करें। अपनेआप शरीर का रक्त संचरण एक ऐसे सर्किट में आएगा कि आप स्वयं को विनम्र और शांत पाएँगे। परिवार में हाथ जुड़े हुए हों और होंठों पर मुस्कान हो तो फिर जीवन के आनंद की बात ही कुछ और होगी। इसलिए सदा मुस्कराइए...।

हाथ जोड़ने की क्रिया मर्यादा की प्रतीक समझी जाती है और मर्यादा परिवार का एक महत्वपूर्ण तत्व है। हाथ जुड़ गए यानी बुद्धि-हृदय, शरीर-आत्मा, जन्म-मृत्यु, सुख-दुःख, यश-अपयश, सफलता-असफलता सब संयुक्त हो गए। 24 घंटे में कुछ समय हाथ जोड़ने की क्रिया ज़रूर की जाए।

88

भीतर की योग्यता प्रकाशित करने के लिए ज़रूरी है गुरु का स्पर्श

जीवन में माता-पिता के बाद दूसरा स्थान गुरु का होता है। गुरु जितना ज्ञान देता है उससे अधिक वात्सल्य देता है। वात्सल्य का अर्थ है कि ऐसा प्रेम जैसा माँ में अपने छोटे से बच्चे के लिए होता है, जबकि बच्चे में कोई पात्रता नहीं होती। हमारे यहाँ शिष्य परंपरा को माना गया है। चार प्रकार के शिष्य होते हैं। पहला विद्यार्थी जो कौतुहलवश गुरु के पास आता है। दूसरे शिष्य होते हैं साधक। विद्यार्थी में बौद्धिक कौतुहल होता है। इन विद्यार्थियों में से जो रुक जाते हैं वे साधक हो जाते हैं।

साधक होना सुनना ही नहीं, समझना तथा जीवन में उसे प्रयोग भी करना होता है। अब जितने साधक हैं उनमें से भी 50 प्रतिशत गुरु के पास रुकते हैं बाक़ी चले जाते हैं। यह तीसरी सीढ़ी होती है जो शिष्य कहलाते हैं। ये लोग गुरु के अनुभव को जीवन के रस में उतार लेते हैं।

शिष्य सद्‌गुरु की पहचान भी होता है। शिष्य का अर्थ है समर्पित हो जाएँ, शंकाएँ न रहें। इनमें से भी 90 प्रतिशत फिर चले जाएँगे। अब जो 10 प्रतिशत रह जाएँगे यह चौथी पहचान होगी, जिसे कहते हैं भक्त। गुरुओं ने इस क्रम से भक्त तैयार किए। रामकृष्ण परमहंस ने विवेकानंद जैसे भक्त तैयार किए थे। एक गुरु

अपना विस्तार अपने शिष्य में इसी प्रकार करता है।

इसलिए हमारे भीतर की योग्यता को यदि मुखरित करना है, प्रकाशित करना है तो गुरु का स्पर्श जरूरी हो जाता है। लेकिन सावधान रहें गुरु का चयन स्वयं नहीं करें। परमात्मा से प्रार्थना की जाए कि जीवन में कोई गुरु भेज दें, वह जरूर भेजेगा। और जैसे ही गुरु का सान्निध्य मिले अपनी कक्षा को विद्यार्थी से भक्त तक पहुँचाने की तैयारी की जाए।

गुरु के बिना जीवन का उद्धार नहीं हो सकता। यदि हमारे भीतर की योग्यता को मुखरित करना हो, प्रकाशित करना हो तो गुरु का स्पर्श ज़रूरी है। हमारी सफलता में गुरु का योगदान माता-पिता से कम नहीं आँका जा सकता।

89

इच्छाशक्ति दृढ़ हो तो भौतिक उपलब्धियाँ प्राप्त होंगी ही

आपका जीवन केवल आपका नहीं होता, उससे पूरा परिवार जुड़ा रहता है। बहुत अधिक धन कमाने की लालसा में ज़्यादातर लोग यह भूल जाते हैं कि वे जीवन भी गँवा रहे हैं। बहुत कम लोग होते हैं जो धन भी कमा लेते हैं और ज़िंदगी भी बचा लेते हैं। ज़िंदगी ऐसा फूल है जिसमें यह संभावना है कि काँटे रहते हुए भी उसे काँटों से अलग किया जा सकता है। हम काँटों के ऊपर फूल सजा लेते हैं और लगातार इस बात की शिकायत करते हैं कि ज़िंदगी में बड़ी चुभन है।

पारिवारिक या सांसारिक उपलब्धियाँ यदि होश के साथ जिंदगी में मिलें तो मजा कुछ और होगा। अध्यात्म में जिसे होश कहा गया है व्यावहारिक जीवन में उसे इच्छाशक्ति का नाम दिया है। दृढ़ इच्छाशक्ति हो तो भौतिक उपलब्धियाँ होंगी ही। अब इसे आध्यात्मिक दृष्टि से देखें कि यदि होश होगा तो हम स्वयं की दुर्गुणों से रक्षा कर सकेंगे और समाज के अशक्त तथा जरूरतमंद लोगों के लिए काम कर सकेंगे।

सांसारिक संघर्ष की कहानी कुछ इस तरह हो जाती है जैसे कि दुनिया के रथ के पहियों से बँधे हम घिसटते जा रहे हों। संसार का चक्र किसी के लिए नहीं रुकता। इसका पहिया घूमता रहता है। यदि हम पहियों में लिपट गए तो पहुँच तो जाएँगे पर घिसटते हुए घायल रूप में। यदि होश में हैं तो हम पहियों से छूटकर रथ पर सवार हो

जाएँगे। और जो दुनिया के रथ की सवारी करना सीख गया वो उपलब्धियों को जीना भी सीख जाएगा।

यदि होश में नहीं रहें और भौतिक उपलब्धियाँ हासिल कर लीं तो फिर चूक होने की संभावना बनी रहेगी और उसका नुक़सान आप सहित पूरे परिवार को उठाना पड़ेगा। दुनिया का हिसाब-किताब ऐसा है कि बिल्ली, कुत्ते, बंदर और ठग लोग मौका आने पर झपटने को तैयार हैं। कहीं ऐसा न हो आपकी उपलब्धि कोई और ले भागे, इसलिए हमेशा होश में रहिए।

धन के लिए अंधी दौड़ ठीक नहीं। धन इतना और इस तरह कमाया जाए कि जीवन भी बचा रहे। अध्यात्म में इसे होश कहा गया है। ज़िंदगी में पारिवारिक या सांसारिक उपलब्धियाँ यदि होश के साथ अर्जित की जाएँ तो मज़ा कुछ और होगा।

90

अपनी मौलिकता के साथ प्रकट हों हमारे शब्द

मनुष्य तीन मार्गों से ताक़तवर बनता है - शरीर, शब्द और मन। पर इन्हीं से अपनी ताक़त खो भी देता है। अगर शब्द की बात की जाए तो शब्द ताक़त देते भी हैं और लेते भी हैं। व्यर्थ की बकवास तो ताक़त गिराने का आसान मार्ग है। आपका वाचाल होना आपको उन मौकों पर थका देगा जहाँ शक्ति की ज़रूरत होगी। इसीलिए शब्दों के झरण के प्रति अतिरिक्त रूप से सावधान रहें।

सामान्य रूप से माना जाता है कि शब्द जीभ और कान का मामला है। पराए शब्द हम कान से ग्रहण करते हैं और अपने शब्दों को मस्तिष्क में लाकर जीभ से विसर्जित करते हैं। एक और तीसरा माध्यम आँख होती है। पढ़कर भी शब्द ग्रहण किए जाते हैं। जिन्हें शब्दों की ताक़त समझना हो और बचाना हो उन्हें एक मनोवैज्ञानिक प्रयोग करना चाहिए।

जब किसी की बात सुनें तो केवल कान से नहीं सुनें। आँखों को इतना जीवंत रखें और उसका उपयोग इस प्रकार करें जैसे किसी के शब्द सुन ही नहीं रहे, पढ़ रहे हैं। इसी प्रकार बोलते समय भी ऐसे बोलें जैसे शब्द पहले पढ़े गए फिर होंठ से निकाले गए। इसका एक बड़ा फ़ायदा यह होगा कि आपकी प्रतिक्रिया दूसरों के शब्द और गतिविधि से संचालित नहीं होगी। आपकी मौलिकता अपनी जगह

काम करेगी।

जैसे धन के लिए सब लोगों को दौड़ता देखकर हम भी दौड़ने लगते हैं। उस समय हम यह भूल जाते हैं कि हमें धन इसलिए नहीं चाहिए कि और दूसरों को भी चाहिए। हमारे पास अपना निजी उत्तर होना चाहिए कि हम क्यों दौड़ रहे हैं। इसी प्रकार दूसरे बोल रहे हैं इसीलिए हमें बोलना है, ऐसा नहीं करें। हमारे शब्द अपनी मौलिकता के साथ प्रकट हों।

शब्द बड़े ताक़तवर होते हैं। इसीलिए शब्दों के प्रयोग के प्रति अतिरिक्त रूप से सावधान रहना पड़ेगा। इस बात का ख़ास ध्यान रखना होगा कि हमारे शब्द अपनी मौलिकता के साथ प्रकट हों। दूसरे बोल रहे हैं इसलिए हम भी बोलें यह उचित नहीं।

91

ब्रह्मचर्य और संन्यास का समावेश हो गृहस्थी में

गृहस्थी परमात्मा का प्रसाद होती है। इस विचार को जितनी परिपक्वता और पवित्रता के साथ जीवन में उतारा जाएगा परिवार उतना ही शांत और सुखी होगा। आज परिवार अशांति के केन्द्र और उपद्रव के अड्डे इसलिए बन गए हैं कि हम परिवार बसा तो लेते हैं, पर यह भूल जाते हैं कि इसका आधार क्या होना चाहिए।

पिछले वर्षों महाराष्ट्र के अमरावती नगर में संभवत: विश्व का सबसे बड़ा सामूहिक विवाह सम्मेलन हुआ था जिसकी प्रेरणा योगऋषि बाबा रामदेव थे। 3600 जोड़ों को और हजारों की संख्या में आए उनके रिश्तेदारों को संबोधित करते हुए संन्यास परंपरा के गौरव स्वामी सत्यमित्रानंदजी ने एक बड़ी सुंदर बात कही थी, ''हमने संन्यासियों के कुंभ तो बहुत देखे लेकिन गृहस्थों का कुंभ आज पहली बार देखा और ख़ास बात यह कि इतनी अधिक संख्या के जोड़ों के विवाह का आयोजन एक ब्रह्मचारी यानी बाबा रामदेव ने किया।''

सत्यमित्रानंदजी का इशारा था कि जब गृहस्थी में ब्रह्मचर्य और संन्यास का समावेश हो जाए तो ऐसे दांपत्य में वैकुंठ का सुख उतरेगा ही। ब्रह्मचर्य का अर्थ है ब्रह्म की चर्या यानी एक नैतिक अनुशासन। इसी की आज परिवारों में कमी पाई जाती है।

संन्यास का सीधा सा अर्थ होता है तेरे भरोसे। मतलब यह कि परिवार को जितना परमात्मा के भरोसे रखेंगे, समस्याओं के निदान उतनी ही सरलता से मिल जाएँगे। भारत के पास अपने परिवार बचाने के लिए अध्यात्म की बहुत बड़ी पूँजी है। इसलिए भारतीय परिवारों में शांति के साथ सुख की संभावना दुनिया के और देशों से अधिक है। बस, हमें इसका उपयोग करना आना चाहिए। परिवार में प्रसन्नता उतारने का एक सरल तरीक़ा है जरा मुस्कराइए...।

परिवार को जितना परमात्मा के भरोसे रखेंगे, समस्याओं के निदान उतनी ही सरलता से मिल जाएँगे। गृहस्थी परमात्मा का प्रसाद होती है। यह विचार जितनी परिपक्वता और पवित्रता के साथ जीवन में उतारा जाएगा, परिवार उतना ही शांत और सुखी होगा।

92

भजन में छुपा है भविष्य का सुख

मामला परिवार प्रबंधन का हो या बाहरी काम-धंधे का, जो लोग बहुत प्रेशर में काम करते हैं उनके लिए भजन बड़े उपयोगी हैं। भजन सुनना और गाना उनको थोड़ा आराम पहुँचाएगा। *हनुमानचालीसा* की 33वीं चौपाई में तुलसीदासजी ने लिखा है - *तुम्हरे भजन राम को पावै, जनम जनम के दुख बिसरावै।* अर्थात आपके भजन से प्राणियों को जन्म-जन्म के दु:खों से छुटकारा दिलाने वाले भगवान श्रीराम की प्राप्ति हो जाती है।

यहाँ यह बात आती है कि हनुमानजी के भजन रामजी को अच्छे क्यों लगते हैं। वास्तव में हनुमानजी संगीत के बहुत बड़े जानकार थे। सबसे बड़ी विशेषता थी कि कौन सा भजन कब गाया जाए, कौन सा राग कब लगाया जाए, इसमें वे बड़े दक्ष थे। तुलसीदासजी ने इस चौपाई में भजन शब्द लिखकर एक बड़ा संदेश दिया है।

हनुमानजी सेवा का प्रतीक हैं। वे सतत सक्रिय सेवक हैं। रामजी के कार्यों को लेकर अत्यधिक व्यस्त भी रहते हैं। श्रीराम की सेना और व्यवस्था में संभवत: सर्वाधिक दायित्व हनुमानजी को ही सौंपे गए थे। इसीलिए तुलसीदासजी ने भजन शब्द का उपयोग किया है। हनुमानजी के भजन श्रीरामजी को बड़े प्यारे हैं। भजन गाए भी जाते हैं, गुनगुनाए भी जाते हैं और ठीक से संगीत जुड़ जाए तो इसमें नृत्य भी हो जाता है।

व्यस्तता और काम के अत्यधिक दबाव के बाद भी हनुमानजी भजन से जुड़े हुए थे। उनका लेखन, गायन और नर्तन तीनों अद्‌भुत थे और इसके माध्यम से वे रिलेक्स होना सिखाते हैं। इसी के साथ लिखा है कि आपके भजन भक्त के जनम-जनम के दु:ख मिटा देंगे।

इसका अर्थ ही यह है कि हनुमानजी की भजन करने की शैली, मस्ती को यदि हम भी अपनाएँ तो केवल इस जनम के नहीं, आने वाले जन्मों के भी दु:ख मिट जाएँगे। दु:ख हमारी एक समस्या है और जनम-जनम का अर्थ है आने वाला नया दिन। भविष्य का सुख भजन में छुपा है।

दबावपूर्ण पारिवारिक जीवन में भजन बड़े उपयोगी होते हैं। व्यस्तता और काम के दबाव के बीच भी भजन से जुड़े रहें तो यह दबाव अशांति का कारण नहीं बनेगा। इस बात की ज़रूर समझ रखी जाए कि कौन सा भजन कब गाया जाए, कौन सा राग कब छेड़ा जाए।

93

व्यक्तित्व को प्रेम से भर देती है नाम जप की वृत्ति

विपरीत परिस्थितियों में विचलित नहीं होना, संकट के समय धैर्य रख लेना, विपत्ति आने पर विवेक नहीं खोना, इन विशेषताओं को शौर्य कहा जाता है। बुराइयों के विरुद्ध प्रतिशोध शौर्य माना गया है। यह बात परिवार संचालन में भी उपयोगी हो सकती है। स्वाभिमान, धर्म और राष्ट्रहित के लिए जो कार्य किए जाएँ वे शौर्य की श्रेणी में आते हैं। इस छोटे से शब्द शौर्य के लिए अभ्यास की आवश्यकता होती है।

साहसी को सतत अभ्यास करना पड़ता है। निरंतर अभ्यास ही आपको शौर्यवान बनाएगा। इसीलिए जीवन में निरंतरता का बड़ा महत्व है। निरंतरता के अभ्यास के लिए हमारे साधु-संतों ने एक छोटी सी विधि बताई है। सूफ़ी फ़क़ीरों ने कहा है कि अल्लाह के नाम को जितना बार-बार लेंगे उतना मज़ा बढ़ता जाएगा। साधु-संतों ने इसे ही आनंद कहा है।

नाम जप की वृत्ति हमारे पूरे व्यक्तित्व को प्रेम से लबालब कर देती है। हर साँस जब नाम से जुड़ जाती है तो किया हुआ हर कृत्य शौर्यपूर्ण होता है। इसी प्रेम के मार्ग से परिवार में शांति का प्रवेश होता है। इसलिए जिन्हें संसार में साहसिक कार्य करना हो उन्हें अपने भीतर निरंतर जप का अभ्यास बनाए रखना चाहिए। लेकिन, ध्यान

रखें इस अभ्यास को यांत्रिक न बनाएँ। ऐसा न कर लें कि चाबी घुमाई और गाड़ी स्टार्ट हो गई। नाम जप का अभ्यास कोई तरक़ीब न बन जाए, इसे श्रद्धा और निष्ठा से जिया जाए।

इस बात का ध्यान रखें कि जब नाम जप चल रहा हो तो इसमें हमारा इन्वॉल्वमेंट कितना है, कहीं मामला मशीनी तो नहीं हो गया। अभ्यास इस तरह से हो कि जैसे हम नहीं कर रहे, वह हो रहा है। लगातार इस बात को अपने भीतर उतारें। नाम जप का काम प्रथम हो और करने वाले हम द्वितीय हों।

जब ऐसा होने लगता है तो पूरा व्यक्तित्व शौर्यपूर्ण हो जाता है। हर काम दबंगता और सफलता के साथ पूरा होगा, क्योंकि हम निरंतरता के अर्थ समझ चुके होंगे।

जीवन में निरंतरता का बड़ा महत्व है। इस निरंतरता को बनाए रखने का साधन है ईश्वर का नाम जप। नाम जप की वृत्ति हमारे पूरे व्यक्तित्व को प्रेम से लबालब कर देती है और प्रेम में डूबा व्यक्तित्व पूरे परिवार में शांति घोल देता है।

94

शिष्यत्व का सीधा अर्थ है लगातार सीखने की ललक

सीखने की ललक न सिर्फ आपके ज्ञान के भंडार को बढ़ाएगी बल्कि आपको अहंकार रहित भी रखेगी। हर व्यक्ति, हर घटना कुछ न कुछ सिखाकर ही जाती है। जिनकी तैयारी सदैव सीखने वाली रहेगी वे अपने ज्ञान का सही उपयोग भी कर सकेंगे। इसे शिष्यत्व का भाव कहा गया है।

विद्यार्थी बनकर सीखने में अहंकार का ख़तरा हो सकता है लेकिन, शिष्य बनकर सीखने में हम अहंकार से मुक्त रहते हैं। जिस दिन हमारे मन में यह भाव आ जाता है कि हम सब जानते हैं उसी दिन से यह ख़तरा शुरू हो जाता है। जब हम यह सोचने लगें कि हम उतना नहीं जानते जितना जानना चाहिए उसी समय हमारे व्यक्तित्व में एक खुलापन, एक विशालता आ जाती है।

'मैं जानता हूँ' यह दावा हमें एक घेरे में बांध देता है। शिष्यत्व का सीधा सा अर्थ है - लगातार सीखने की ललक। विद्यार्थी स्मृति को तीव्र रखकर दक्ष होता है। शिष्य स्मृतियों से भी गहरे में अंतस में जाकर ज्ञान को पकड़ता है। इसीलिए स्मृति एक प्रशिक्षण है और शिष्यत्व का ज्ञान एक बोध है। यह बोध जीवन में आते ही एक बात समझ में आने लगती है कि जितना हमने जाना वह पर्याप्त नहीं और जो कुछ नहीं जान पाए उसके लिए परमात्मा की कृपा प्राप्त की जाए।

ज्ञान अहंकार के लिए भोजन का काम करता है। अहंकार को सबसे अधिक तृप्ति ही 'मैं ज्ञानी हूँ' के भाव से मिलती है। इसीलिए जीवन में लगातार शिष्यत्व का प्रयास करते रहें। विद्यार्थी से आरंभ हों और शिष्य होने पर समाप्त करें।

विद्यार्थी विश्वास में जीता है जो कि एक बौद्धिक स्थिति है। शिष्य श्रद्धा से चलता है जो कि एक आत्मिक स्थिति है। यही श्रद्धा धीरे-धीरे आस्था में बदल जाती है और ज्ञान जब आस्था से जुड़ता है तो परिणाम अद्‍भुत होते हैं।

हर व्यक्तित्व, हर घटना के पीछे कुछ न कुछ सबक़ छिपा होता है। इनसे कुछ सीख लिया जाए तो समझो ज्ञान की सही उपयोग हो गया। विद्यार्थी बनकर सीखने से ज्यादा अच्छा है शिष्य बनकर सीखना। शिष्यत्व का भाव हमें अहंकार से मुक्त रखता है।

95

सत्संग का मतलब है सत्य का सान्निध्य, सद्‌गुरु की निकटता

कभी इस पर भी विचार कीजिए कि हम कितने ग्रहणशील हैं। क्या हम दूसरों के विचार, उनकी गरिमा, परिवार, रिश्तों की संवेदनाएँ इन सबको लेकर ग्रहणशील हैं? असल में विचार हों या व्यक्ति, हम वही चीज़ स्वीकार करते हैं जो हमें पसंद है।

ग्रहणशील व्यक्ति प्रतीक्षारत और प्रार्थनामय होता है। आजकल हम देखते हैं कई संगठनों में, अनेक संस्थानों में और लगभग सभी व्यवस्थाओं में बैठकें होती हैं। वर्कशॉप, सेमिनार, मीटिंग इन सबका बड़ा बोलबाला है। ये सब परिस्थितियों को बदलने के बड़े कारगर उपाय हैं। इनमें जो योजना बनती है उससे भविष्य की परिस्थितियाँ नियंत्रित कर ली जाती हैं।

स्वामी अवधेशानंद गिरि हमेशा कहते हैं कि ज़िंदगी में परिस्थिति के साथ-साथ मन:स्थिति का भी बड़ा महत्व है। परिस्थिति बैठकों से नियंत्रित की जा सकती है लेकिन मन:स्थिति यदि ठीक करना है तो सत्संग से गुजरना होगा। यदि मन:स्थिति ठीक नहीं है तो वैसे व्यक्ति परिस्थिति को भी ठोस और स्थाई रूप से ठीक नहीं कर पाएँगे।

जिनकी मन:स्थिति में बदलाव आएगा उनकी सफलता में शांति का समावेश सहज हो जाएगा। इसलिए व्यावसायिक जीवन में मीटिंग और धार्मिक जीवन में सत्संग दोनों का समान महत्व है। सत्संग का

सीधा सा अर्थ है सत्य का सान्निध्य, सद्‌गुरु की अत्यधिक निकटता।

यह केवल शब्दों का श्रवण नहीं है। दरअसल, सत्संग विचारों का वह बहाव है जिसमें हमें पूरी तरह प्रवाहित होना पड़ेगा और जो बह गया बस उसी ने सत्संग से मनःस्थिति में बदलाव कर लिया। यहीं से परिस्थिति आपके नियंत्रण में होगी।

जीवन में परिस्थिति के साथ-साथ मनःस्थिति का भी बड़ा महत्व है। जिनकी मनःस्थिति ठीक नहीं होगी ऐसे लोग परिस्थिति को भी ठीक नहीं कर पाते। यदि मनःस्थिति ठीक करना है तो सत्संग से गज़रना होगा। सत्संग का सीधा सा अर्थ है सत्य का सान्निध्य, सद्‌गुरु की निकटता।

96

प्रशंसा करते समय निष्कपट रहें और सुनते समय वैरागी

प्रशंसा इन दिनों शस्त्र की तरह उपयोग की जाती है। पहले आलोचना को हथियार माना जाता था। किसी की बुराई करो और उसे घायल कर दो। प्रशंसा को किसी को प्रेरित करने या उसका पतन करने के लिए काम में लिया जाता है। सावधान रहें, यदि आप प्रशंसा कर रहे हों तो उसका उद्देश्य प्रेरित करना ही रखें और यदि सुन रहे हों तो बिल्कुल भी असावधान न रहें, क्योंकि गलत तरीक़े से सुनी और स्वीकार की गई प्रशंसा पतन के मार्ग पर ले जा सकती है।

जब भी कोई हमारी प्रशंसा करता है तो हम कुछ आदर्श वाक्य बोलते हैं , जैसे –'सब आप ही की कृपा है', 'मेरा क्या है', 'सबका सहयोग है।' लेकिन उसी समय हमारा मन कह रहा होता है थोड़ी देर यह व्यक्ति और हम पर केन्द्रित होकर बोले। दुर्गुणों को प्रशंसा की सवारी में बैठकर हमारे भीतर घुसने में बड़ी सुविधा होती है। इसलिए जब आपकी प्रशंसा हो रही हो तो तत्काल अपनी चेतना को जगाएँ और पहला विचार यह करें कि क्या हम इस योग्य हैं, दूसरा विचार यह लाएँ कि यदि योग्य हैं तो इस प्रशंसा को कितना भीतर उतारें। कहीं इसके साथ दुर्गुण तो प्रवेश नहीं कर रहे।

इसीलिए कहा गया है कि जितनी प्रशंसा हो उतना ही वैराग भाव जाग्रत करें, क्योंकि प्रशंसा अहंकार लेकर आएगी। वैराग्य यदि

जागा हुआ है तो हम प्रशंसा को आसानी से पचा जाएँगे। कहते हैं ना सिराहने दूध रखकर सोए तो बिल्ली को क्या दोष देना। नींद लगी और बिल्ली ने काम कर दिखाया।

प्रशंसा की खुमारी में अहंकार अपना काम दिखा जाएगा, लेकिन वैराग का अर्थ है एक होश, एक जागृति। इसलिए प्रशंसा करते समय निष्कपट रहें और सुनते समय बैरागी। एक काम और हो सकता है, सिर्फ तारीफ़ ही नहीं आलोचना सुनकर भी जरा मुस्कराइए...।

प्रशंसा करने या सुनने का भी तरीक़ा होता है। ग़लत तरीक़े से सुनी और स्वीकार की गई प्रशंसा पतन के मार्ग पर ले जा सकती है। जब आपकी प्रशंसा हो रही हो तो अपनी चेतना को जगाते हुए विचार करें कि क्या हम इस योग्य हैं। प्रशंसा के रूप में कहीं जीवन में दुर्गुण तो प्रवेश नहीं कर रहे हैं।

97

संघर्ष के दौर में अपनापन बनाए रखें

आज के दौर में संघर्ष के बिना कुछ हासिल नहीं होता। थोड़ा भी पाना हो तो संघर्ष करना पड़ता है। जिन्हें बिना संघर्ष के कुछ मिलता है वे उसकी क़ीमत भी नहीं जान पाते। कभी-कभी संघर्ष करते-करते आदमी यह भूल जाता है कि उसे अपने संघर्ष के क्षेत्र और सीमाएँ लाँघना नहीं चाहिए। स्थितियों से संघर्ष करते-करते आदमी ख़ुद से संघर्ष करने लगता है, फिर धीरे-धीरे अपनों से संघर्ष करने लग जाता है। और यहीं से अपने और पराए का भेद शुरू हो जाता है।

परिवार में इसका परिणाम यह होता है कि सगे-संबंधियों में भेदभाव पैदा होकर घर टूट जाता है। इसलिए संघर्ष करने वालों को अपने भीतर अपनापन बनाए रखना चाहिए। अपनत्व का भाव जितना अधिक होगा संघर्ष के दौरान संकीर्ण मनोवृत्ति उतनी कम होगी। यदि ऐसा नहीं है तो जीवन में कलह का प्रवेश हो जाता है। परिवार टूटते हैं, सामाजिक एकता समाप्त होती है और यहाँ तक कि इसका असर देश की अखंडता पर भी पड़ता है।

इसलिए संघर्ष के दौर में अपनापन बनाए रखें। संघर्ष करने वालों को दूसरे की प्रशंसा करने में कंजूसी नहीं रखना चाहिए और निंदा करने में घोर कंजूस होना चाहिए। हमारे भीतर अपनेपन की वृत्ति जागे इसके लिए ईसाई महात्माओं का एक वचन याद रखना

चाहिए। वे कहा करते हैं कि हर संत का एक अतीत होता है और हर पापी से एक भविष्य जुड़ा होता है।

इस विचार को जीवन में उतारते ही हम समझ जाते हैं कि संत की स्तुति और पापी की निंदा करने में इस बात का ध्यान रखें कि अपनेपन का भाव समाप्त नहीं हो जाए। संतों की स्तुति इसलिए करते हैं कि हम उनके जैसा होना चाहते हैं और पापी की निंदा इसलिए कि अपने अहंकार को तृप्ति मिले। अपनेपन का भाव आते ही हमारी दृष्टि बदल जाएगी और हम अपने संघर्ष को उत्सव का रूप दे सकेंगे।

जीवन में संघर्ष के बिना कुछ हासिल नहीं होता। संघर्ष से प्राप्त वस्तु या उपलब्धि का महत्व भी ज़्यादा होता है। संघर्ष के दौर में अपनेपन का भाव नहीं खोने दें। संघर्ष के दौरान अपनत्व का भाव जितना अधिक होगा संकीर्ण मनोवृत्ति उतनी कम होगी।

98

इस जन्म का अंत समय अगले जीवन का प्रारंभ है

जिसका प्रारंभ है उसका अंत भी ज़रूर होगा। जीवन है तो मृत्यु होना ही है। जो अपने अंत को आरंभ से समझ लेता है उसका आरंभ भी दिव्य होता है और अंत तक पहुँचने की यात्रा भी मस्ती में बीत जाती है। तुलसीदासजी ने *हनुमानचालीसा* की 34वीं चौपाई में लिखा है- *अंत काल रघुबर पुर जाई, जहाँ जन्म हरि-भक्त कहाई।।* यह जो अंतिम समय होता है और जब यह आता है तब उस समय हम कहते हैं अरे, अंतकाल आ गया, अब राम नाम लिया जाए। लेकिन अंतिम समय नाम हम इसलिए लेते हैं कि अगला जीवन अच्छा हो।

दरअसल, हमारा जो अंतिम है वही अगले जीवन का प्रारंभ है। अगला जीवन जब आरंभ होगा तब होगा, उसका बीज हम अभी बो रहे हैं। जो इच्छा हमारी अंतिम समय में रहती है वह हनुमानजी पूरी कर देते हैं, इसलिए हमारे देश में जीवन के अंतकाल में सब बहुत सावधान हो जाते हैं। इसी कारण मंदिरों में, तीर्थ स्थानों पर, कथा-प्रवचनों के पांडालों में वृद्धजन ही अधिक पहुँचते हैं।

तरुणाई ने तो इनकी जगह दूसरे स्थान खोज लिए हैं। मंदिर सिर्फ बुढ़ापे के विश्रामालय बन गए, तीर्थ थके पाँवों की मंजिलों में तब्दील हो गए। पूजा, पाठ, सत्संग में आजकल कम ही युवा बैठते

हैं। इस नई पीढ़ी को जवानी में ही समर्पित होना चाहिए परमात्मा के प्रति। तब ही अच्छे संस्कार पा सकेगी।

हम खान-पान सदैव ताज़ा ग्रहण करते हैं, किंतु स्वयं ताज़ा, नया, नवीन और नूतन रहकर ईश्वर को अर्पित नहीं होते। यदि हम बाल्यकाल, युवावस्था में सजग रहकर ईश्वर के प्रति समर्पित रहें तब इसका फल है यह चौपाई बताती है - *'अंत काल रघुबर पुर जाई। जहाँ जन्म हरि-भक्त कहाई।'*

इस जीवन का अंत अगले जीवन का प्रारंभ होता है। जो अपने अंत को आरंभ से समझ लेता है उसका आरंभ भी दिव्य होता है। यदि बाल्यकाल, युवावस्था में सजग रहकर ईश्वर के प्रति समर्पित रहें तो अंत यानी बुढ़ापा सुधर ही जाएगा।

99

न दूरी की अति पर टिकें,
न निकटता की अति में बस जाएँ

भगवान के लिए कहा जाता है कि वे जितनी दूर हैं उतने ही पास भी हैं। इसीलिए कहा गया है जो दूर से भी दूर है वो भी भगवान है और जो पास से भी पास है वो भी परमात्मा है। सच तो यह है कि इस दूरी में ही निकटता छिपी हुई है और इस पास में भी सारी दूरियाँ सिमटी हुई हैं।

हम भगवान को जितना दूर मानेंगे उतना ही बीच-बीच में अन्य बातें समा जाएँगी। तर्क, शास्त्र, ज्ञान, असहमति की वृत्ति ये सब दूरियों से जुड़े मामले हैं। जीवन में जब इनकी अधिकता होती है तो एक द्वंद्व पैदा होता है। हम ख़ुद में ही भटकने लगते हैं, स्वयं से ही टकराने लगते हैं। इस दूरी को मिटाने के लिए अनुभूति की जरूरत पड़ेगी। केवल ज्ञान और जानकारी से यह दूरी नहीं मिटेगी।

अध्यात्म में एक शब्द आता है 'समगति'। इसका अर्थ है हमारी चाल, गति, चलने का ढंग इस प्रकार हो कि न हम दूरी की अति पर टिकें और न ही निकटता की अति में बस जाएँ। समगति से एक संतुलन आएगा और हमारे लिए दूर-पास के अर्थ बदल जाएँगे। परमात्मा से अधिक दूरी होने पर एक अपरिपक्व अवस्था हमारे व्यक्तित्व में उतर जाती है और ऐसी अवस्था के साथ हमें नुक़सान उठाना पड़ता है, भौतिक नहीं मानसिक नुक़सान।

अपरिपक्व लोग बाहरी संसार में आदर्श हो सकते हैं, सफल हो सकते हैं लेकिन सही नेतृत्व नहीं दे पाएँगे। परमात्मा से निकटता एक परिपक्व स्थिति बनाती है। जैसे-जैसे हम ईश्वर के निकट होते हैं वैसे-वैसे हम दूसरी चीज़ों से दूरी बना लेते हैं।

यहीं से हमारे भीतर एक नया भाव जागता है जिसको कहते हैं च्वॉइसलेसनेस यानी चयन रहित होना। क्योंकि अब हम परम शक्ति के निकट हैं। हमारे और उसके बीच रिक्तता नहीं है इसलिए चयन भी नहीं है और इसी में शांति छिपी है।

अपरिपक्व लोग बाहरी संसार में आदर्श हो सकते हैं, सफल हो सकते हैं लेकिन सही नेतृत्व नहीं दे पाते। परमात्मा से निकटता का एक बड़ा लाभ यह है कि इससे व्यक्तित्व में परिपक्वता आती है।

100

भौतिक प्रगति के चक्कर में आध्यात्मिक विकास नहीं रुकने दें

इस संसार से जितनी भी बातें जुड़ी हुई हैं उनमें से एक यह है कि यह लगातार परिवर्तनशील है। यही इसकी ख़ूबी है और कमज़ोरी भी। परिवर्तनशीलता ताज़गी बनाए रखती है लेकिन साथ-साथ उद्वेग, बेचैनी और अशांति भी दे जाती है। परिवर्तन में हमारी प्रगति होती रहे यह अच्छी बात है, ऐसा करना भी चाहिए। लेकिन भौतिक प्रगति के चक्कर में आध्यात्मिक विकास नहीं रुक जाए।

इस लगातार बदलती दुनिया में दो चीजों को हमेशा याद रखिएगा - चिता और क़ब्र। हर एक को इन दोनों में से किसी एक मुक़ाम पर ज़रूर पहुँचना है चाहे सिंहासन पर बैठे हों या पटिए पर। महलों में विराजे हों या गलियों की खाक छान रहे हों। दौलत से घिरे हों या ग़रीबी में जकड़े हों। इस आख़िरी मुकाम पर कोई फ़र्क़ नहीं रह जाता। यहाँ सबको पहुँचना ही है। इसलिए परिवर्तन को ठीक से पकड़ें।

बदलाव का आख़िरी चरण सबके लिए एक जैसा है। ये दुनिया जिसे लोगों ने दुःखों का घर कहा है, इस घर के किसी न किसी कोने में, आँगन में या कक्ष में प्रसन्नता, आनंद भी बिखरा हुआ है। ज़रूरत है समय रहते समेटने की।

कम बोलने वाले संत श्री रविशंकर रावतपुरा सरकार एक दिन

कह रहे थे, ''भाग-दौड़ की दुनिया में सब तरह के लोग मिलेंगे। अनेक तरह की परिस्थितियाँ सामने आएँगी। जैसे घर में शौचालय होता है, वैसे ही हम इनका उपयोग करें। गए, फ्रे़श हुए और लौट आए, वहाँ रुकना नहीं है।''

उनकी यह बात बड़े पते की है। गंदा स्थान भी आख़िर काम तो शुद्ध होने के लिए ही आता है। लिहाजा परिवर्तनशील जगत में जब लोगों से संपर्क में आएँ, स्थितियों का सामना हो तो अपने सांसारिक दृष्टिकोण में हमें क्रिया, भावना और विचारों की दृष्टि से मूल्यांकन करना चाहिए। इतनी सी सावधानी बदलाव में भी हमें दोनों आनंद देगी, बाहर का और भीतर का भी।

परिवर्तन प्रकृति का नियम है। हर चीज़ में परिवर्तन होता है। परिवर्तन में हमारी प्रगति होती रहे यह तो ठीक है। लेकिन भौतिक प्रगति के चक्कर में आध्यात्मिक विकास ठहर जाए तो परिणाम में उद्वेग, बेचैनी और अशांति का जन्म होगा।

101

परिवार का संतुलन बिगाड़ती है बैर वृत्ति

आज जब लोगों को दोस्ती निभाने का समय भी नहीं मिलता तब कुछ लोग दुश्मनी करने के लिए ख़ूब वक़्त निकाल लेते हैं। जो थोड़े बलशाली हैं वे अपनी बैर-वृत्ति को अंजाम दे देते हैं और जो कमज़ोर हैं वे इसे भीतर ही भीतर बसा लेते हैं तथा ख़ुद ही के दुश्मन बन जाते हैं।

युग निर्माण योजना, गायत्री परिवार के शीर्ष पुरुष पं. श्रीराम शर्मा कहा करते थे कि बैर एक पुरानी जीर्ण मानसिक बीमारी है। बहुत दिनों तक टिका हुआ क्रोध बैर कहलाता है। मनुष्य का मनोविज्ञान होता है कि झगड़ा करना कभी-कभी अच्छा लगता है। कई लोग तो जान-बूझकर कुछ लोगों से उलझ जाते हैं। पति-पत्नी, भाई-भाई, बाप-बेटा ये सारे रिश्ते इस बीमारी के शिकार हैं। परिवार में जब यह बीमारी प्रवेश कर जाती है तो सारा संतुलन बिगड़ने लगता है। अपने आप को क्रोध से बचाएँगे तो ही परिवार बचेगा।

मुफ़्त में बैर पाल लेना मनुष्य की फ़ितरत में बसा है। जब कभी हमारे मन में किसी से पंगा लेने का विचार आए तो आँखें बंद करके अपने ही व्यक्तित्व के तीन दृश्य देखें - बचपन, जवानी और बुढ़ापा। जब हम बच्चे थे तो हमेशा आगे की सोचते थे। बच्चे सामने दृष्टि रखते हैं पीछे नहीं। जवान होते हैं तो वर्तमान पर टिक जाते हैं और जब बूढ़े होते हैं तो हमेशा पीछे देखते है। इन तीनों क्रम को भीतर ही भीतर

बदल लें।

अपने ही भीतर बच्चे होकर पीछे देखें। जवानी को थोड़ा सा छलाँग लगाकर आगे-पीछे दोनों ओर देखें और अपने बुढ़ापे में लगातार आगे देखें। इन तीनों स्थितियों का संबंध विचार से है। जब ऐसा करेंगे तो आपकी सोच बदल जाएगी।

आप बैरमुक्त, प्रेमयुक्त हो जाएँगे, क्योंकि बचपन जब पीछे देखता है तो समझ जाता है 'मैं क्या हूँ।' जवानी जब आगे पीछे देखती है तब जान जाती है कि था क्या और होना क्या है। और बुढ़ापा केवल आगे देखता है तो समझ जाता है कि अमृत को पाने के लिए मृत्यु की ओर होश में चलना है। ऐसा करके देखिए और उसके बाद जरा मुस्कराइए...।

क्रोध ज़्यादा दिनों तक टिक जाए तो बैर बन जाता है। बैर वृत्ति की बीमारी जब परिवार में प्रवेश कर जाती है तो सारा संतुलन बिगड़ने लगता है। परिवार को बचाना हो तो क्रोध से भी बचना होगा।

102

कुछ समय अपनी भीतरी पहचान के लिए भी निकालें

किसी आदमी से बाहर की दुनिया में पूछो कि तुम क्या हो तो वह नाम, पद, जाति, पुरुष या स्त्री की अपनी पहचान बता देगा। फिर अपनी इसी पहचान की तुलना वह दूसरे की ऐसी ही पहचान से करता है। यहीं से जिंदगी में ईर्ष्या का भाव पैदा होता है। नारी-नारी के सौंदर्य से, अमीर एक-दूसरे की अमीरी से और तो और ग़रीब एक दूसरे की गरीबी से ईर्ष्या करते हैं। आदमी अपने आदमी होने पर और औरत औरत होने पर एक-दूसरे से ही ईर्ष्या करने लगते हैं।

बहुत निकट के रिश्ते वालों यहाँ तक परिवार में भी एक-दूसरे के प्रति स्पर्धा का भाव आ जाता है। इससे अगला क़दम ईर्ष्या होता है। नहीं चाहते हुए भी हमारे भीतर ईर्ष्या का जन्म होने लगे तो तत्काल सावधानी से इस वृत्ति को रोकिए क्योंकि यह स्पर्धा का युग है। दूसरे को समर्थ देखा और अपनी कमज़ोरी याद आई, फिर ईर्ष्या का प्रकटीकरण आरंभ होने लगता है। ईर्ष्या का भाव लगातार यदि भीतर बना रहे और व्यक्ति इसका सही उपचार नहीं करे तो या तो वह अपराधी बन जाएगा या फिर अवसाद में डूब जाएगा।

ईर्ष्या का धक्का डिप्रेशन के कुएँ में पटकने के लिए काफ़ी होता है। इसलिए जब ईर्ष्या जीवन में उतरे तो विचार करें हमारी पहचान क्या है। हम केवल नाम, पद और शरीर से नहीं बने हैं।

हमारा पूरा व्यक्तित्व मन, बुद्धि, चित्त और अहंकार से बना है। हमारे सारे कृत्य और उससे बनी पहचान इन्हीं का रूप है।

इसलिए भीतर उतरकर इन्हें समझें, इन पर काम करें। ख़ासतौर पर यदि मन पर काम किया जाए तो परिणाम में ईर्ष्या से मुक्ति आसान होगी और मन को समझने के लिए थोड़ा एकांत में उतरना ही पड़ेगा। इसलिए कुछ समय अपनी भीतरी पहचान के लिए भी निकालें और बाहरी दोषों से मुक्त हो जाएँ।

स्पर्धा का अगला क़दम या रूप ईर्ष्या होता है। यदि भीतर लगातार ईर्ष्या का भाव बना रहे और इसका सही उपचार नहीं किया जाए तो या तो वह हमें अपराधी बना देगा या फिर अवसाद में डुबो देगा। मन पर काम किया जाए तो ईर्ष्या से मुक्ति आसान होगी।

103

परिवार तोड़ देता है परस्पर अविश्वास एवं शंका का भाव

कहते हैं कि शंका करके काम करने से नुक़सान और फ़ायदा दोनों होता है। फ़ायदा यह होता है कि हम धोखा खाने से बच जाते हैं, क्योंकि शंका होने से एक तरह की सावधानी बन जाती है। नुक़सान यह होता है कि शंका की वृत्ति यदि लंबे समय क़ायम रह जाए तो हर एक पर अविश्वास करने की आदत बन जाती है। परिवार में ही एक-दूसरे पर शंकाएँ शुरू हो जाती हैं और परिणामतः कई बार परिवार टूटने की नौबत आ जाती है। धीरे-धीरे आदमी ख़ुद पर भी विश्वास करना बंद कर देता है। यहीं से वह सारे हानि-लाभ दूसरों में, अपने से बाहर देखने लगता है।

कुछ लोग जब गुरु बनाते हैं, कोई विशेष भक्ति का मार्ग चुनते हैं, ध्यान के क्षेत्र में उतरते हैं और कुछ समय बाद उन्हें वैसा लाभ नहीं मिलता जैसा कि वे चाहते हैं तो वे इन विधियों को बदलते हैं, गुरु बदल देते हैं और तो और धर्म तक बदल देते हैं पर आदमी ख़ुद को नहीं बदलता। कारण वही लगातार शंका और अविश्वास की आदत।

ख़ुद को बदलने के लिए एक आसान उपाय है - अपने भीतर आस्था को जन्म देना। किसी धर्म, गुरु या व्यवस्था में जैसे-जैसे हम आस्था बढ़ाएँगे, स्वयं पर विश्वास भी बढ़ने लगेगा। आस्थावान लोगों

की देखने की क्षमता बढ़ने लगती है। वे हर बात को अलग निगाह से देखते हैं जिसको कहते हैं पॉज़िटिव एटीट्यूड। आस्था हमें थोड़ा भीतर ले जाती है। हम व्यक्ति या वस्तुओं को बहिर्मुखी होकर नहीं देखते।

आस्था हमें भीतर से जोड़ती है। एक बात और है, आस्थावान व्यक्ति अपने ही भीतर से जुड़कर बाहर सक्रिय होता है और हमारा चिंतन स्पष्ट हो जाता है कि जो भी अच्छा और बुरा हम करते हैं उसके ज़िम्मेदार हम होते हैं। दूसरों पर दोष नहीं दिया जाए। अपने भीतर आस्था का भाव बढ़ाने के लिए एक प्रयोग लगातार करते रहिए, ज़रा मुस्कराइए...।

शंका की वृत्ति अविश्वास को जन्म देती है। शंका का भाव जब परिवार में पैदा हो जाता है तो परिवार टूटने तक की नौबत आ जाती है। शंका से बचने का आसान उपाय है अपने भीतर आस्था को जन्म देना।

104

हनुमानजी को पूजेंगे तो अन्य देवता भी परेशान नहीं करेंगे

किसी में विश्वास करने का मतलब यह नहीं होता कि दूसरे पर अविश्वास करें या उनका अपमान करें। विश्वास करने का अर्थ है सबका सम्मान करें। परिवार की व्यवस्था में ये दोनों चीज़ें साथ चलती हैं।

तुलसीदासजी ने *हनुमानचालीसा* की 35वीं चौपाई में समझाया है कि विश्वास का क्या अर्थ है। *'और देवता चित्त न धरई, हनुमत सेइ सर्व सुख करई।'* हे हनुमानजी, आपकी इस महिमा को जान लेने के बाद लोग अन्य देवता को अपने चित्त में स्थान नहीं देंगे। केवल आपकी ही सेवा में सारे सुख मिल जाएँगे।

'और देवता' कहने का एक अन्य अर्थ भी है। 'और अधिक' देवताओं को चित्त में नहीं रखें। जो भी आपके इष्ट हों उन्हें बनाए रखें, लेकिन दूसरों के इष्ट की आलोचना भी नहीं करें। इसका दूसरा अर्थ यह भी है कि यदि हनुमानजी को पूजेंगे तो अन्य देवता आपको परेशान नहीं करेंगे। जैसे कभी-कभी हम ही सोचते हैं कि कुछ विशेष नहीं करेंगे तो शनि महाराज नाराज़ हो जाएँगे। तो तुलसीदासजी यह आश्वासन दे रहे हैं कि ऐसी कोई चिंता नहीं की जाए।

जिन्हें ज्योतिष में विश्वास है वे ग्रहों के रूप में शनि को अत्यधिक पीड़ादायक मानते हैं। यदि जातक की राशि में शनि का प्रवेश हो तो

हरसंभव प्रयास किया जाता है कि उनके कोप से बचा जाए।

एक बार गर्व में डूबे सूर्य पुत्र शनि ने श्रीराम के ध्यान में मग्न हनुमानजी को बाधा पहुँचाई। हनुमानजी ने शनिदेव को समझाया कि वे ध्यान कर रहे हैं, परेशान नहीं करें। किन्तु, शनिदेव ने उन्हें बलपूर्वक युद्ध के लिए ललकारा। तब हनुमानजी ने अपनी पूँछ से शनिदेव को लपेटा और चारों ओर घुमाते हुए चट्टानों पर पटक-पटककर लहूलुहान कर दिया।

पीड़ित शनिदेव ने अपनी मुक्ति के लिए श्री हनुमानजी को यह वचन दिया कि मैं कभी आपके भक्त की राशि में प्रवेश नहीं करूँगा। इसलिए जो सच्चा हनुमान भक्त है उसे शनिदेव भी ज़्यादा नहीं सताते क्योंकि वे हनुमानजी से वचन में बँधे हैं।

परिवार की व्यवस्था में विश्वास और सम्मान दोनों साथ चलते हैं। किसी में विश्वास करने का मतलब यह नहीं होता कि दूसरे पर अविश्वास करें या उनका अपमान करें।

105

पुरुषार्थ को परमार्थ में बदल देती है कल्याण की भावना

शिव और शक्ति का मिलन कल्याण की भावना और परिश्रम की प्रवृत्ति का मिलन है। ज़्यादातर लोग परिश्रम निजी हित के लिए करते हैं। यदि कल्याण की भावना हो तो पुरुषार्थ परमार्थ में बदल जाता है। हमारे भीतर सर्व-कल्याण की भावना जगाना हो तो हमें परमात्मा से जुड़ना होगा।

दोनों बातें एक साथ चलती हैं। परमार्थ के काम करें तो परमात्मा से जुड़ना आसान होगा और परमात्मा से जुड़ जाएँ तो परमार्थ के कार्य करने में उत्साह बना रहेगा। लेकिन हम अपने कामकाज की सूची में परमात्मा से जुड़ने को अंतिम प्राथमिकता देते हैं। हमारे पूजा-पाठ, धर्म-कर्म के काम दुनिया साधने की नीयत से होते हैं न कि परमात्मा पाने के इरादे से।

यह सही है कि सांसारिक चीजें मुफ़्त में नहीं मिलती। छोटी से छोटी भौतिक वस्तु को पाने के लिए भी हम ख़ूब श्रम करते हैं, लेकिन परमात्मा जैसी मूल्यवान उपलब्धि हम मुफ़्त में या सस्ते में पाना चाहते हैं। इसलिए शिव और पार्वतीजी की पूजा करते समय ध्यान रखें कि कल्याण को हमें शक्ति से जोड़ना है। शक्ति संचय का कोई भी अवसर हमें चूकना नहीं चाहिए।

भवानी शक्ति के रूप में जब माँ पूजी जाती हैं तो उनकी आठ

भुजाएँ आठ साधन हैं जिनसे हम स्वास्थ्य, विद्या, धन, व्यवस्था, संगठन, यश, शौर्य और सत्य प्राप्त कर सकते हैं। जब ये अष्टभुजा रूप हमारे जीवन में उतरता है तो शक्ति का उदय होता है।

हमें इन आठ भागों को समय-समय पर अलग-अलग रूप में अपने भीतर उतारना है और फिर कल्याण की वृत्ति से बाहर अपने दायित्व निभाना है। भीतर और बाहर का यह संतुलन सफलता को नए अर्थ देगा।

परिश्रम में यदि कल्याण की भावना हो तो पुरुषार्थ परमार्थ में बदल जाता है। परमार्थ के काम करें तो परमात्मा से जुड़ना आसान होगा और परमात्मा से जुड़ जाएँ तो परमार्थ के कार्य करने में उत्साह बना रहता है।

106

जानकारियों का ढेर नहीं, अनुभव की बहती नदी बनो

जो बात हमारी समझ में आती है, ज़्यादातर मौक़ों पर हम उसे सही और सत्य मान लेते हैं। जो बात हमारी समझ से बाहर होती है उसे हम या तो ग़लत साबित कर देते हैं या नकार देते हैं। परिवार की व्यवस्था में भी ऐसा ही होता है। हमारी बुद्धि के विपरीत जो भी दिखता है उसे हम इसलिए ख़ारिज कर देते हैं कि हम अपनी बुद्धि को ही सही मानते हैं।

पढ़ाई-लिखाई के इस युग में ज़्यादातर लोग यह मान लेते हैं कि सत्य मेरी ही समझ पर समाप्त होता है। इससे आगे सब कुछ असत्य और बेकार है। इसीलिए उलझनें समाप्त नहीं होतीं। जिस समय हम यह मान लें हैं कि मेरी समझ से परे भी सत्य हो सकता है, वहीं से सत्य मिलने की संभावना बढ़ जाती है। जो लोग सचमुच सत्य को प्राप्त करना चाहते हों, उन्हें लगातार वर्तमान पर टिकने की आदत बनाना होगी। ईश्वर को जानते, पहचानते जो काम किए जाएँगे वे सत्य के निकट होंगे।

अतीत पर टिककर हम भगवान को भूल जाते हैं और भविष्य में अत्यधिक खोकर भी हम परमात्मा को याद नहीं रख सकते, क्योंकि इन दोनों स्थिति में हमारा 'मैं' सक्रिय रहता है। वर्तमान एक ऐसी स्थिति होती है जहां 'मैं' कमजोर पड़ता है और वहीं से भगवान

का प्रवेश सरल हो जाता है।

बीता हुआ और आने वाला कल हमें जानकारियों से भर देगा, पर वर्तमान हमें अनुभव से जोड़ता है। इस समय हम जानकारियों का ढेर बन गए हैं, जबकि हमें अनुभव की बहती हुई नदी बनना है। वर्तमान में टिकने का एक बड़ा फ़ायदा यह होता है कि हमारी ऊर्जा ज़बर्दस्त रूप से संगठित होकर अपने लक्ष्य से जुड़ जाती है। हम अपने काम में डूबकर ध्यानस्थ स्थिति पर चले जाते हैं। कार्य का परफ़ेक्शन इसे ही कहते हैं।

वर्तमान हमें तन्मय बनाता है, और अपने काम में डूबा हुआ तन्मय व्यक्ति अतीत का अधिक से अधिक लाभ उठाएगा और भविष्य का सही उपयोग कर जाएगा।

अतीत पर टिककर हम भगवान को भूल जाते हैं और भविष्य में अत्यधिक खोकर भी परमात्मा को याद नहीं रख सकते। सत्य को प्राप्त करना हो तो वर्तमान पर टिकने की आदत बनाना होगी। वर्तमान हमें अनुभव से जोड़ता है, साथ ही हमारी ऊर्जा संगठित होकर अपने लक्ष्य से जुड़ जाती है।

107

आत्मरक्षा का एक बड़ा हथियार है ईश्वर के प्रति श्रद्धा

अहंकार परिवार की शांति का शत्रु होता है। यह बर्फ़ की चट्टान की तरह होता है। न पिघलाओ तो पत्थर जैसा कड़क रहेगा और हमें घायल भी करता रहेगा। लेकिन इस चट्टान में पिघलने की संभावना होती है, इसलिए कोई गर्मी तलाशनी पड़ेगी। परमात्मा हमारे जीवन में सूरज की तरह है। उनका प्रकाश, तेज, ओज हमारे व्यक्तित्व के लिए जितना ज़रूरी है उतना ही उसकी गर्मी अहंकार की चट्टान को पिघलाने के लिए आवश्यक है।

जब हम संसार के कामकाज में व्यस्त होते हैं तो वहाँ हमारी अपनी पहचान बनाना ज़रूरी होता है। दुनिया में चारों तरफ़ प्रतिस्पर्धा है। यदि स्वयं की रक्षा नहीं करेंगे तो दूसरे आपको पटखनी भी दे सकते हैं, पीछे भी छोड़ सकते हैं और नुक़सान भी पहुँचा सकते हैं। इसलिए अपनी पहचान, अपना अस्तित्व आत्मरक्षा का कवच है।

कभी-कभी 'मैं' को हथियार बनाना पड़ता है ताकि दूसरे आपको घायल न कर जाएँ, आपका दुरुपयोग नहीं कर जाएँ। लेकिन इस 'मैं' को एक सीमा तक ही उपयोग में लाना होगा। जैसे-जैसे हम आगे बढ़ते जाएंगे 'मैं' को गिराना पड़ेगा और रक्षा के दूसरे हथियार अपनाने पड़ेंगे। उनमें से एक है ईश्वर के प्रति श्रद्धा। श्रद्धा का यह भाव अगले चरण में हमारे भीतर जाग जाना चाहिए।

श्रद्धा पैदा करने के लिए सेवा के कार्य हाथ में लेते रहिए। ऐसा कहते हैं कि अहंकार गिराना हो तो संगठन से जुड़ने के प्रयोग करें। जब हम कुछ समूह में लोगों के साथ रहेंगे तब हमारे अहंकार की लगातार परीक्षा होती रहेगी। समूह में समानता का अधिकार, एक-दूसरे को सहयोग करना यह सब ज़रूरी होता है। और यहीं से अहंकार गिरता है, सेवा जागती है और परमात्मा की ओर हम चलते हैं। इसलिए संसार के आरंभ में 'मैं' ज़रूरी है और परमात्मा के आरंभ में 'मैं' ग़ैर ज़रूरी है।

अहंकार परिवार की शांति का शत्रु होता है। इसे परमात्मा रूपी सूरज की गरमी से ही पिघलाया जा सकता है। हमारे अहंकार की परीक्षा समूह में रहने पर ही होती है। श्रद्धा अहंकार के पतन में सहायक होती है और श्रद्धा का सही स्रोत है सेवा कार्य।

108

हमें शक्ति संपन्न, धैर्यवान व साहसी बनाती है एकाग्रता

दुनिया की लंबी दौड़ में कई मोड़ ऐसे आते हैं जब न चाहते हुए भी हाँफना पड़ जाता है। ऊर्जा के सांसारिक केन्द्र बहुत अधिक मदद नहीं कर पाते हैं। ऐसे समय हमें अपने भीतर आध्यात्मिक शक्ति उत्पन्न करने की कला हमें सीख लेना चाहिए।

हमारे ऋषि-मुनियों ने एकाग्रता पर बहुत काम किया है। हर काम करते समय एकाग्रता का अभ्यास रखें। जब जो करें, जमकर करें। यह भी एकाग्रता है।

एकाग्रता से तीन फ़ायदे हैं। पहला - शक्ति उत्पन्न होती है, दूसरा - धैर्य जागता है और तीसरा - शक्ति और धैर्य के परिणाम में हम साहसी हो जाते हैं। यह साहस ही हमें संसार की हर उपलब्धि को प्राप्त कराएगा तथा भगवान के निकट भी ले जाएगा। इतिहास गवाह है कि जो-जो लोग ख़ूब सफल हुए हैं वे अपने कार्य के प्रति एकाग्रचित्त रहे हैं। एकाग्रता शक्ति संपन्न, धैर्यवान व साहसी बनाती है।

एकाग्रचित्त होने का अभ्यास प्रतिदिन नियमित रूप से करना होगा। सीधा सा तरीक़ा तो यह है कि कोई भी कार्य आरंभ करने के पहले अनर्गल विचार और गतिविधियों को विराम दें। निश्चय करें कि जो भी कुछ करना है, सोचना है, मिलना-जुलना है वह किए जा

रहे कार्य के बाद ही होगा। इस समय जो कर रहे हैं, बस वही करना है। यह दृढ़ता धीरे-धीरे हमें एकाग्रचित्त बना देगी। हम जितने एकाग्रचित्त होंगे उतने ही जागे हुए रहेंगे। भगवान महावीर स्वामी ने जैन धर्म में एक सुंदर शब्द दिया है- असुत्ता मुनि और सुत्ता अमुनि। इसका अर्थ है जो एकाग्रचित्त है वह जागा हुआ है और जो जागकर जी रहा है उसे लोग संन्यासी कहेंगे, वरना सोया हुआ व्यक्ति संसारी है।

असुत्ता मुनि मतलब जो सोया हुआ नहीं है और सुत्ता अमुनि मतलब जो सोते हुए चल रहा है, वह असाधु है। इसलिए ख़ूब काम करें पर होश में करें। इसी को जागते हुए करना कहते हैं।

जब सांसारिक ज़िम्मेदारियों से थक जाते हैं तो वहाँ आध्यात्मिक शक्ति काम आती है और यह शक्ति मिलती है एकाग्रता से। एकाग्रता हमें तीन प्रकार से फ़ायदा पहुँचाती है। पहला शक्ति उत्पन्न होती है, दूसरा धैर्य जागता है और तीसरा हम साहसी हो जाते हैं। इसलिए नियमित रूप से एकाग्रचित्त होने का अभ्यास करना होगा।

109

प्रेम के वशीभूत होकर छल का साथ नहीं दें

जीवन में उत्थान और पतन चलता ही रहता है। भौतिक सफ़र में ऐसा हो तो आश्चर्य नहीं, लेकिन आध्यात्मिक यात्रा में भी ऐसा हो जाता है और इसकी चिंता पालनी चाहिए। कई बार पतन के बाद भी उत्थान का क्रम बन जाता है, लेकिन जीवन की कुछ स्थितियाँ ऐसी होती हैं कि पतन पर पहुँचकर आदमी उत्थान पर पहुँचना ही नहीं चाहता। इसका उदाहरण है रावण।

रावण एक ऐसा पात्र है जिसको कई बार अनेक पात्रों ने अपने-अपने स्तर पर समझाया था। हनुमानजी, अंगद, शूर्पणखा, मंदोदरी, मारीच जैसे लोगों ने उसे समझाया लेकिन उसे समझ में नहीं आया। मानसिक रोगों का वर्णन करते हुए लिखा गया है- *'मोह सकल व्याधिन कर मूला।'* मोह ही सारी व्याधियों का मूल है और रावण साक्षात मोह का प्रतीक है। मेघनाथ 'काम' है और शूर्पणखा अंदर की 'वासना।'

रावण को मेघनाथ और शूर्पणखा दोनों बहुत प्यारे थे। परिवार में एक-दूसरे से प्रेम रखना बुरी बात नहीं है लेकिन प्रेम के वशीभूत छल का साथ देना ठीक नहीं। शूर्पणखा का अर्थ है : जिसके नाखून बड़े हों। इंद्रियों में जो वासनाएँ होती हैं उसकी तुलना नाखूनों से की जाती है। यानी एक सीमा तक वासना ठीक है, उसके बाद नाखूनों को काट देना चाहिए। जो अपने नाखून नहीं काटेगा, समाज में उसका

जीवन अमर्यादित हो जाएगा।

कुछ लोगों का मानना है कि रावण ने कुछ ग़लत नहीं किया था। उसकी बहन की नाक काटे जाने पर उसने राम की पत्नी का हरण कर लिया। शूर्पणखा ने राम-लक्ष्मण से विवाह का प्रस्ताव रखा, इसमें क्या ग़लत था। इस प्रसंग को लोग गहराइयों में नहीं देखते।

शूर्पणखा ने पूरे समय झूठ बोला था, छल किया था। रावण ने शूर्पणखा यानी छल का पक्ष लिया। जो छल का पक्ष लेता है वह रावण के समान होता है। पतन में गिरने के बाद उत्थान की संभावना को रावण ने स्वयं नकार दिया था।

परिवार में एक-दूसरे से प्रेम रखना बुरी बात नहीं लेकिन प्रेम के वशीभूत छल का साथ देना ठीक नहीं। छल करना और छल का साथ देना दोनों अपराध है जिसकी सजा भुगतना ही है। रावण इसका श्रेष्ठ उदाहरण है जिसने हमेशा छल का ही साथ दिया था।

110

प्रभुकृपा प्राप्ति का सरल माध्यम है सुमिरन करना

परेशानियाँ सूचना देकर नहीं आतीं और न ही उनके पैर होते हैं। जीवन में वे कब किस रूप में प्रकट हो जाएँ, पता नहीं चलता। जब बहुत सारी परेशानियाँ एक साथ आ जाएँ तो उसे संकट कहते हैं। परिवार में जब संकट आ जाए तो सारी व्यवस्थाएँ बिगड़ने लगती हैं। बाहरी संकटों से लड़ते-लड़ते मनुष्य के भीतर पीड़ा का जन्म हो जाता है। हनुमानजी अपने भक्तों की इस स्थिति से परिचित हैं। इसलिए *हनुमानचालीसा* की 36 वीं चौपाई में लिखा है- *'संकट कटै मिटै सब पीरा, जो सुमिरै हनुमत बलबीरा।'*

जो लोग हनुमानजी का स्मरण करते हैं उनके संकट दूर होते हैं, पीड़ा मिट जाती है। तुलसीदासजी ने संकट कटने और पीड़ा मिटने के साथ सुमिरन शब्द लिखा है। इसके पीछे अनोखा दर्शन है। ध्यान और सुमिरन के अंतर को समझा जाए। अधिकांश लोगों को ध्यान में सबसे बड़ी बाधा मन की रहती है। मन ध्यान को जमने नहीं देता। संसार में एक बड़ा संकट है मन का अनियंत्रित होना तथा पीड़ा है उसका अत्यधिक गतिशील रहना।

आरंभ करने के लिए ध्यान से सुमिरन आसान है। सुमिरन करते हुए हम मन की गतिविधि को देख सकते हैं। जब यह प्रक्रिया सध जाए तो ध्यान लगाने में आसानी होगी। संकट और पीड़ा के

समय व्यक्ति तुरंत निराकरण चाहता है। फटाफट और हड़बड़ाहट का अंतर समझते हुए समस्या का त्वरित हल निकालना भी श्रेष्ठ प्रबंधन का प्रमाण है।

कहा जाता है कि वायु की गति बहुत तेज़ होती है, उससे तेज़ ध्वनि की गति, उससे तेज प्रकाश की गति और इन सबसे तेज मन की गति होती है। किन्तु मन से भी अधिक तेज़ गति होती है प्रभु कृपा की। इस कृपा को प्राप्त करने का सबसे सरल माध्यम है सुमिरन। हमारे भीतर सुमिरन चल रहा है इसका प्रमाण देखना हो तो ज़रा मुस्कराइए...।

जीवन में परेशानी कब और किस रूप में आ जाए कहा नहीं जा सकता। छोटी-छोटी परेशानियाँ धीरे-धीरे पीड़ा या संकट का रूप ले लेती हैं। हनुमानजी संकट को हरने और पीड़ा को मिटाने वाले देवता हैं। उनका सुमिरन मात्र ही हमें इन झंझटों से बचा लेता है।

111

जौहरी बनकर धर्म को तराशें फिर उसका आनंद उठाएँ

हमारे देश में बात-बात पर धर्म की दुहाई दी जाती है। धर्म पर बात करना आसान है, धर्म को समझना सरल नहीं, धर्म को समझकर पचा लेना उससे भी अधिक मुश्किल है लेकिन सबसे कठिन है धर्म में जी लेना। धर्म में जी लेना जितना कठिन है जीने के बाद उतना ही आसान भी है। बिल्कुल इसी तरह है कि जब कोई पहली बार साइकिल सीखने जाता है तब उसे ऐसा लगता है कि दुनिया में इससे असंभव काम कोई नहीं, क्योंकि जैसे ही वह उस पर बैठकर चलाने का प्रयास करता है तो वह लड़खड़ाता है, गिर जाता है।

सीखने वाला आदमी जब दूसरे को साइकिल मस्ती में चलाते हुए देखता है तो उसे बड़ा अजीब लगता है। यह कैसे मुमकिन है, मैं तो पूरे ध्यान से चला रहा हूँ फिर भी गिर जाता हूँ और वह बड़ी मस्ती में चला रहा है। जब एक बार आदमी साइकिल चलाना सीख जाता है तो वह भी मस्ती से साइकिल चला लेता है।

धर्म का मामला भी कुछ इसी तरह का है। जब तक उसे जिया न जाए यह बहुत ख़तरनाक, परेशानी में डालने वाला, लड़खड़ाकर गिरा देने वाला लगता है। लेकिन यदि एक बार हम धर्म को जी लें तो फिर हम उस मस्त साइकिल सवार की तरह हो जाएँगे जो कि अपनी मर्ज़ी से लहराते हुए चलाता है, बिना लड़खड़ाए अपनी मर्ज़ी से रोक

लेता है, अपनी मर्ज़ी से उतर जाता है।

जीवन में धर्म बेशक़ीमती हीरे की तरह है। जिसे हीरे का पता नहीं वो ज़िंदगीभर कंकर-पत्थर ही बीनेगा। पहले तो हमारी तैयारी यह हो कि हम जौहरी की तरह ऐसी नज़र बना लें कि धर्म को हीरे की तरह तराश लें। फिर उसको जिएँगे तो उस जीने का मज़ा ही कुछ और होगा। धर्म को तराशने की एक क्रिया का नाम है - ज़रा मुस्कराइए...।

धर्म का मामला साइकिल सीखने जैसा है। जब तक उसे जिया न जाए यह बहुत ख़तरनाक, परेशानी में डालने वाला, लड़खड़ाकर गिरा देने वाला लगता है। जीवन में धर्म बेशक़ीमती हीरे की तरह है। बस हमारी नज़र जौहरी की तरह बनना है जो उसे तराश सके।

112

कभी ईश्वर को प्रिय लगने वाले काम भी करते रहें

संसारभर के काम करते हुए एक इरादा और रखें कि हम ईश्वर को प्यारे लगने वाले काम भी करते रहें। कबीर कह गए हैं- *'तेरा जन एकाध है कोई।'* करोड़ों-करोड़ों लोग हैं दुनिया में। मंदिर, मस्जिद, गुरुद्वारे, चर्च सब हैं। कई लोग इनमें पूजा-अर्चना कर रहे हैं लेकिन यदि परमात्मा सवाल पूछ ले तो कुछ ही लोगों के लिए यह जवाब आएगा कि *'तेरा जन एकाध है कोई।'*

उस मालिक का कोई एक हो पाएगा और वह वही होगा जो उस चयन के दायित्व को पूरा कर सकेगा जिसके लिए मालिक ने उसे चुना है। दुनिया का मार्ग बड़ा काँटों भरा है। बहुत प्रलोभन है इस मार्ग में। जगह-जगह रुकने की संभावना है। एक-एक क़दम उठाना श्रम माँगता है। भक्ति ऐसे ही दुर्गम मार्ग पर चलकर की जा सकती है। जो भक्ति सही स्वरूप में कर जाएगा वह पारिवारिक और सांसारिक दोनों जीवन में सफल हो जाएगा।

भीड़ में सिर्फ एक चेहरा होना तो आसान है लेकिन भीड़ का सामना करना बहुत मुश्किल काम है। भक्त जब सेवा करता है तो उसकी सेवा के अर्थ बदल जाते हैं। जरूरी नहीं है कि सेवा हमेशा धर्म बन जाए। धार्मिक व्यक्ति में सेवा हो सकती है, लेकिन सेवक धार्मिक होगा इसमें थोड़ा अंतर है। जो लोग सेवा करने निकले हैं

उनकी ज़िंदगी में भक्ति आ जाएगी यह बिल्कुल ज़रूरी नहीं है। हाँ, जिस व्यक्ति का चित्त भक्तिमय है, उसकी ज़िंदगी में सेवा अवश्य हो सकती है।

जिस व्यक्ति का चित्त शांत हो गया, आनंदित हो गया, भक्ति से परिपूर्ण हो गया उसकी सारी ज़िंदगी सेवा बन जाती है। लेकिन अगर कोई यह सोचे, 'मैं सेवा करने निकला हूँ तो मेरा चित्त आनंदित हो जाएगा और भक्ति से भर जाएगा' तो ऐसा बिल्कुल ज़रूरी नहीं, बल्कि ऐसी सेवा अहंकार को पोषित कर देगी।

दुनिया के मार्ग में कई काँटे, प्रलोभन और रुकावटें हैं। एक-एक क़दम फूँक-फूँककर उठाना होता है। भक्ति ऐसे ही दुर्गम मार्ग पर चलकर की जा सकती है। जो व्यक्ति भक्ति सही स्वरूप में कर जाएगा वह पारिवारिक और सांसारिक दोनों जीवन में सफल हो जाएगा। जिस व्यक्ति का चित्त शांत और भक्ति से परिपूर्ण होगा उसकी सारी ज़िंदगी सेवा बन जाएगी।

113

सेवा ऐसी हो कि सत्य भी बना रहे

अपने और परिवार के लिए तो सभी कमाते हैं, कुछ कमाई ऐसी भी होनी चाहिए जो सेवा के रूप में बदल सके। आजकल सेवा भी हथियार बना ली गई है। धंधा बना ली गई है। यहाँ तक तो ठीक था लेकिन अब शस्त्र के रूप में सेवा और ख़तरनाक होती जा रही है। जो दुनियादारी के सेवक हैं, वे अक्सर ऐसे ही काम करते हैं।

कोई सेवक कहता है,'मैं हिंदू धर्म को संगठित करना चाहता हूँ।' कोई कह रहा है, 'मैं इस्लाम की सेवा करना चाहता हूँ।' कोई ईसा की सेवा में घूम रहा है। नेता कह रहे हैं हम देश की सेवा कर रहे हैं। यह सब समाजसेवा तो हो सकती है लेकिन इससे भीतर परमात्मा पैदा नहीं होता।

जब चित्त में ईश्वर या कोई परम शक्ति होती है तो सेवा का रूप बदल जाता है। हिंदू धर्म के साधु-संतों की, इस्लाम के ठेकेदारों की, ईसाइयत के पादरियों की और हमारे राष्ट्र के नेताओं की सेवा के ऐसे परिणाम नहीं आते जैसे आज धर्म के नाम पर मिल रहे हैं। इसलिए सेवा के ईश्वर वाले स्वरूप को समझना होगा। अभी चित्त के आनंद से वंचित है सेवा।

परमात्मा का एक स्वरूप है सत्य। ईमानदारी से देखा जाए तो चाहे धर्म हो या राजधर्म, जो लोग सेवा का दावा कर रहे हैं उनके भीतर से सत्य ग़ायब है। सेवा ऐसी होना चाहिए कि सत्य भी बना

रहे। धर्म का चोला ओढ़ लें यहाँ तक तो ठीक है, अब तो लोगों ने भगवान का ही चोला ओढ़ लिया है। वेश के भीतर से जब विचार समाज में फिंकता है तो लोग सिर्फ़ झेलने का काम करते हैं, वे यह समझ नहीं पाते कि सत्य कहाँ है।

इसलिए दूसरे जो कर रहे हैं उनसे सावधान रहें और हमें जो करना है उसके प्रति ईमानदार रहें। लगातार प्रयास करें कि भीतर परमात्मा जागे और तब बाहर हमारे हाथ से कुछ सेवा के कर्म हों। परमात्मा का एक स्वरूप है : सत्य।

जब चित्त में ईश्वर या कोई परम शक्ति होती है तो सेवा का रूप बदल जाता है। सेवा के ईश्वर वाले स्वरूप को समझना होगा। सेवा ऐसी होनी चाहिए कि सत्य भी बना रहे। दूसरे जो कर रहे हैं उनसे सावधान रहते हुए हमें जो करना है उसके प्रति ईमानदार रहें।

114

सफल हों तो ईश्वर को धन्यवाद दें, असफल हों तो ताक़त माँगें

हमें अपनी कार्यक्षमता को लेकर भरोसा होना चाहिए और अपने लोगों पर भी विश्वास करना चाहिए। लेकिन साथ में इस बात को नहीं भूलना चाहिए कि जीवन में जो भी घट रहा होता है उसमें हमसे ऊपर और हटकर एक परम शक्ति भी है, उसकी बड़ी भूमिका रहती है।

रामकथा में राम अवतार के पाँच कारण बताए हैं। उनमें से एक प्रसंग ऐसा है कि शिवजी पार्वतीजी को कथा सुनाते हैं कि एक बार नारदजी ने विष्णुजी को शाप दिया। यह सुनकर भवानी चौंक उठीं। *'गिरिजा चकित भई सुनि बानी, नारद विष्णु भगति पुनि ज्ञानी।'* भवानी ने कहा, ''एक तो नारद विष्णुजी के भक्त हैं, उस पर ज्ञानी हैं, फिर उन्होंने शाप क्यों दे दिया?'' यहाँ एक बहुत सुंदर पंक्ति आती है–*'कारन कवन शाप मुनि दीन्हा, का अपराध रमापति कीन्हा।'*

हमारे भारत में गुरु के प्रति शिष्य की कैसी श्रद्धा होती है यह इसका एक उदाहरण है। नारदजी पार्वतीजी के गुरु हैं। इसलिए उन्हें लग रहा है कि यदि कोई अपराध हुआ होगा तो वह विष्णु ने ही किया होगा, नारद नहीं कर सकते। शंकरजी ने यहाँ बड़ा सुंदर उत्तर दिया। कहा– *'बोले बिहसि महेस तब ग्यानी मूढ़ न कोई, जेहि जस रघुपति करहिं जब सो तस तेहि छन होई।'*

यह शंकरजी का अपना दर्शन है कि संसार में न कोई मूढ़ है, न कोई ज्ञानी है। परमात्मा जब डोरी घुमाता है तो आदमी कठपुतली की तरह डोलता है। वह ऊपर वाला ऐसा है कि न उसकी अँगुली दिखती है और न धागे दिखते हैं, बस हम पुतलियों की तरह दिखते हैं। कोई राजा बनकर आता है फिर वो ही रंक भी हो जाता है।

यह प्रसंग बता रहा है कि अपनी क्षमता पर विश्वास होना चाहिए, लेकिन ऊपर वाला ज़िंदगी की डोर अपने हाथ में रखता है। इसलिए सफल हों तो उसे धन्यवाद दें और असफल हों तो उससे ताक़त माँगें।

जीवन में जो भी घट रहा होता है उसमें हमसे ऊपर एक परम शक्ति भी है जिसकी बड़ी भूमिका रहती है। संसार में न कोई मूढ़ है, न कोई ज्ञानी है। परमात्मा जब डोरी घुमाता है तो आदमी कठपुतली की तरह डोलता है। हमें अपनी क्षमता पर विश्वास होना चाहिए।

115

हमारे साथ परमात्मा भी उतरता है इस संसार में

जन्मदिन पर ज़्यादातर लोग तारीख़ को याद रखते हैं कि हम इस दिन पैदा हुए। थोड़े-बहुत लोग इससे आगे जाकर उनको याद कर लेते हैं जिनके कारण पैदा हुए, यानी अपने माता-पिता के प्रति आभारी होना। पर बहुत कम लोग ऐसे हैं जो अपने जन्मदिन पर एक और बात याद रखते होंगे। दरअसल, हमें पैदा किया है परमात्मा ने और केवल उन्होंने जन्म दिया है ऐसा नहीं है। उस दिन हमारे भीतर परमात्मा भी पैदा हुआ। इस बात को अपने हर जन्मदिन पर जरूर याद रखें कि हमारे साथ वह भी उतरा है इस संसार में।

गंगा की लहरों को देखते हुए हम महसूस कर सकते हैं कि पानी और लहर अलग-अलग हैं, लेकिन फिर भी दोनों एक हैं। ऐसे ही हम और परमात्मा हैं। भीतर के परमात्मा से परिचित होने के लिए हमें बाहर एक सुविधा दी गई है जिसका नाम है प्रकृति। बाहर हम प्रकृति से जितने परिचित होंगे, भीतर हमें परमात्मा से मिलने में उतनी ही सुविधा होगी।

यह शरीर पंच तत्वों से बना है। इनमें से एक अग्नि तत्व की बात करें तो हमारी संस्कृति में यज्ञ का विधान इसीलिए है कि समूचे जीवन को यज्ञमय बना दें। इसका अर्थ है : अनुशासनमय जीवन। यज्ञ में जब समिधा डाली जाती है तो अग्नि अपने व्यवहार में पूरी तरह से

निष्पक्ष रहती है। यज्ञ से गुजरकर हम प्रकृति के प्रति अत्यधिक अनुशासित हो जाएँगे और यहीं से हम परमात्मा के सही स्वरूप को जान सकेंगे।

गौतम बुद्ध ने यही कहा था कि जिस दिन वे आध्यात्मिक अनुशासन से भीतर उतरे उसी दिन उन्हें पता लगा कि दृष्टि निर्मल हो चुकी है। अब परमात्मा दिख नहीं रहा, अनुभव हो रहा है और इस अनुभव का नाम समाधि है।

तो वापस अच्छी तरह समझ लें अपने जन्मदिन पर हमारे भीतर, हमारे साथ जिसने जन्म लिया है उसकी अनुभूति का सुंदर अवसर नहीं गंवाएँ। भीतर उतरने की एक सीढ़ी यह भी है कि ज़रा मुस्कराइए...।

अपना-अपना जन्मदिन तो सभी को याद रहता है लेकिन इसके साथ एक और बात याद रखने की है कि उस दिन हमारे साथ-साथ परमात्मा भी उतरा है इस संसार में। बाहर हम प्रकृति से जितने परिचित होंगे, भीतर हमें परमात्मा से मिलने में उतनी ही सुविधा होगी।

116

समय रहते अपने दोषों का निवारण कर लिया जाए

लोग हमारे कामकाज पर टिप्पणी करें, सुझाव दें और विश्लेषण करें यह स्वाभाविक होता है और हमें सहजता से स्वीकार भी करना चाहिए। लेकिन सबसे अच्छा विश्लेषण है: अपना आंतरिक विश्लेषण। तारीफ़ हो या आलोचना, फौरन भीतर उतरें और स्वयं का मूल्यांकन शुरू कर दें। सबसे सही परिणाम भीतर ही मिलेगा।

राजा दशरथ ने जब राम को राजा बनाने की घोषणा की थी तो भरे दरबार में उनकी प्रशंसा हुई थी। उस समय रामकथा में एक दृश्य आता है। सावधानी से देखें तो हमारे साथ आए दिन ऐसा घटता है। चारों ओर से उनकी जय-जयकार होती देख वे भरी राजसभा में दर्पण देखते हैं और अपना मुकुट ठीक करते हैं। *'राय सुभाय मुकुर कर लीन्हा, बदन बिलोकी मुकुट सम कीन्हा।'* सामान्यत: दर्पण एकांत में देखा जाता है, किंतु दशरथ सबके सामने देख रहे थे। घटना प्रतीकात्मक है। मुकुट राजसत्ता का प्रतीक है।

शासक का कर्तव्य है कि वह ध्यान रखे कि सत्ता संयमित रहे, उसमें समत्व रहे। सत्ता का सहज स्वभाव है कि वह खिसकती है क्योंकि फिसलना, टेढ़ा होना उसका स्वभाव है। दशरथ का मुकुट तिरछा हुआ, उन्होंने ठीक कर लिया और दर्पण में यह देखा कि क्या मैं सचमुच इस प्रशंसा के योग्य हूँ।

जब कभी हमारी प्रशंसा हो तो हम भी अपने मन के दर्पण में स्वयं की छवि को निहारें और गड़बड़ हो तो ठीक करें। दूसरा उदाहरण रावण का था। अंगद के मुक्के से उसका मुकुट गिर गया था फिर भी उसने उसे ठीक नहीं किया। यही फ़र्क़ है दशरथ और दशानन में। समय रहते अपनी सत्ता को सीधा कर लें और अपने दोष का निवारण कर लिया जाए।

सबसे अच्छा विश्लेषण है अपना आंतरिक या आत्म विश्लेषण। तारीफ़ हो या आलोचना, भीतर उतरें और स्वयं का मूल्यांकन शुरू कर दें। सही परिणाम हीं मिलेगा। जब कभी आपकी प्रशंसा हो तो अपने मन के दर्पण में स्वयं की छवि को निहारें और गड़बड़ हो तो ठीक कर लें।

117

आध्यात्मिक जीवन की गहराई भौतिक जीवन की योग्यता बन जाती है

जीवन में, परिवार में सफलता किस प्रकार मिलती है, असफलता से कैसे बचा जाए? यह सवाल सबके मन में बना रहता है और संघर्ष सबके जीवन में चलता रहता है। भौतिक प्रयासों को आध्यात्मिक सहारा देने से सफलताएँ सरल हो जाती हैं, असफलताएँ पीड़ा नहीं देतीं।

एक आध्यात्मिक सूत्र यह है कि परमात्मा की निकटता सफलता पर ले जाती है और परमात्मा से दूरी असफलता पर पहुँचाती है। हमें अपने जीवन में इस सूत्र के अर्थ को सही तरीक़े से समझकर दिशा तय करनी चाहिए।

एक पुरानी कहानी में बहुत अच्छा उदाहरण सामने आता है। किसी पहुँचे हुए फ़क़ीर के आश्रम में चार महिलाएँ प्रवेश पाना चाहती थीं। फ़क़ीर ने चारों की परीक्षा ली। चारों से एक ही बात कही, 'आश्रम में प्रवेश के लिए आपकी योग्यता यह होना चाहिए कि आपको परमात्मा का कितना ज्ञान है।' पहली स्त्री का जवाब था , 'सब कुछ जानती हूँ।' दूसरी बोली, 'इसमें जानने जैसा है क्या।' तीसरी ने कहा, 'काफ़ी हद तक समझ गई हूँ, बाक़ी आप भी तो कुछ करेंगे।' और चौथी स्त्री ने कहा 'मुझे कुछ पता नहीं, मैं निपट अज्ञानी हूँ', चौथी स्त्री स्वीकार कर ली गई।

परमात्मा के मार्ग पर वही जा सकता है जो अपने अज्ञान को

स्वीकार कर ले। क्योंकि यदि हमारे पास उत्तर है तो फिर किसी उत्तर की ज़रूरत क्या रही। जीवन एक पहेली है, एक रहस्य है और भक्ति उस रहस्य को खोलने की कुंजी है। इस पहेली का अंतिम उत्तर ही परमात्मा है।

मजेदार बात यह है कि उत्तर मालूम होने पर भी पहेली से गुज़रना ही होगा। इसलिए सत्संग, अच्छी पुस्तकें इस रहस्य की परतों को खोलने में बहुत काम आती हैं। जितना इस रहस्य में अधिक डूबेंगे, जीवन में गहराई उतनी ही बढ़ जाती है और अध्यात्म की यही गहराई भौतिक जीवन की योग्यता बन जाती है।

ईश्वर की निकटता सफलता पर ले जाती है और उससे दूरी असफलता की ओर मोड़ देती है। परमात्मा से निकटता की ओर वही बढ़ सकता है जो अपने अज्ञान को स्वीकार कर ले। जीवन एक रहस्य है और भक्ति उस रहस्य को खोलने की कुंजी।

118

धर्म यात्रा का आख़िरी पड़ाव होता है दुर्गुणों की समाप्ति

किसी धर्म विशेष को मान लेना और धार्मिक होना इसमें फ़र्क़ है। जो लोग धार्मिक होना चाहते हैं वे यह समझ लें कि यह बड़ी गहरी और आंतरिक क्रांति है। धार्मिक होना अंदर का मामला है। इसका बाह्य जगत से कोई संबंध नहीं। श्रीराम का उदाहरण लें। बनने वाले थे राजा और जाना पड़ा वनवास पर। जीवन की दो विपरीत स्थितियों का सामना अचानक हो गया था।

राम की धार्मिकता से हम अपने धार्मिक होने को जोड़ें। राम यहाँ अपने निर्णय से धार्मिक जगत में नज़र आते हैं। उन्हें इससे कोई मतलब नहीं था कि उन्हें अयोध्या का राज्य मिला है या वनवास। यदि और कोई होता तो युद्ध हो जाता। हमारे साथ प्रतिदिन ऐसा होता है। कितनी कैकयी, कितनी मंथराएँ हमें मिलेंगी, कितने दशरथ होंगे जो अपने वचन के लिए हमें दाँव पर लगा देंगे। लेकिन जो राम के रूप में धार्मिक होगा, जो धर्म के सत्य स्वरूप का पालन करेगा वह उसी आनंद से वनवास चला जाएगा जिस आनंद के साथ राम चले गए थे।

जो आदमी अयोध्या का राजा होने के आनंद जैसा ही आनंद मानते हुए वनवास जाने की तैयारी कर लेता है तो वह रावण को मार भी लेता है। रावण सभी बुराइयों का प्रतीक है। धर्म की यात्रा का आख़िरी पड़ाव दुर्गुणों की समाप्ति, बुराइयों की मौत है। धार्मिक

व्यक्ति वह होता है जो अपने को मिटा लेता है और जिस दिन वह मिट जाता है तब वह जान लेता है कि भगवान क्या है।

सवाल केवल पूजा और प्रार्थना का नहीं है। चाहे वह किसी भी धर्म की हो। दुनिया के आधे से ज्यादा मंदिर और मस्जिद भीतर बैठे मालिक के लिए नहीं, आदमी ने अपने अहंकार के लिए बनाए हैं। जो धर्म धन से खरीदा जा सकता है वह धर्म नहीं है। धर्म धन से नहीं प्राणों से ख़रीदा जाता है, आत्मा से ख़रीदा जाता है।

जीवन में कभी-कभी दो विपरीत परिस्थितियाँ एक साथ आ जाती हैं। फ़ैसला हमें ही करना होता है कि किसको चुन लिया जाए। भगवान राम इसके बहुत अच्छे उदाहरण हैं। जो राम के रूप में धार्मिक होगा, जो धर्म के सत्य स्वरूप का पालन करेगा वह हर परिस्थिति को अनुकूल कर जीवन का आनंद उठा लेगा।

119

अनुचित की आहुति दे दो, उचित को ख़ूब तपाओ

फागुन माह की विशेषता होती है कि इसमें एक ओर गुलाबी ठंड हमें स्पर्श करके शीतल बनाती हैं तो दूसरी ओर थोड़ी ऊष्मा भी जीवन में प्रवेश कर रही होती है। कभी गरम, कभी ठंडा इसी का नाम जीवन है। इसी मास के समापन पर दो त्यौहार एक ही नाम से दो अलग-अलग संदेश देते हैं - होलिका दहन और धुलेंडी। एक में अग्नि है, दूसरे में रंग।

हमें दुर्गुणों का दहन करना चाहिए। भारतीय संस्कृति में यज्ञ परंपरा का एक बड़ा संदेश यही है कि अनुचित की आहुति दे दो और उचित को खूब तपाओ।

अग्नि का स्वभाव बहुत तटस्थ होता है। होली जलानी ही हो तो भ्रष्टाचार की जलाई जाए। हनुमानजी ने लंका जलाकर संदेश दिया था कि यह देह जब दुर्गुणों की लंका बन जाए तो इसे तपाना चाहिए। और धुलेंडी का मतलब है जीवन को उन रंगों में रंगा जाए कि जिसका स्वाद आत्मा तक स्पर्श हो। माया का रंग उतरे और मायापति का रंग चढ़ जाए।

होली में रंग और नृत्य दोनों एक साथ चलते हैं। अगर भक्ति का रंग चढ़े तो सारे रंग फ़ीके हैं। कहते हैं कि भक्ति नाचता हुआ धर्म

है। भक्ति ही मौलिक धर्म है। धर्म जीता है भक्ति की धड़कन से। भक्ति से हटा हुआ धर्म केवल सैद्धांतिक चर्चा मात्र रह जाता है।

जिस शून्य को ज्ञानी ध्यान से जगाता है और बड़े श्रम से पैदा करता है तथा मुश्किल से सफल हो पाता है उस शून्य को भक्त सिर्फ़ प्रेम से पैदा कर लेता है।

यज्ञ परंपरा का एक बड़ा संदेश यह है कि अनुचित की आहुति दे दी जाए व उचित को ख़ूब तपाया जाए। रावण की लंका जलाकर हनुमानजी ने यही संदेश दिया था कि हमारी देह जब दुर्गुणों की लंका बन जाए तो इसे तपाया जाए।

120

गुरु जीवन बनाते हैं, जल जीवन बचाता है

गुरु का जीवन में आना समझ लें सबसे बड़ी उपलब्धि है। हम भौतिक मार्ग पर चल रहे हों या आध्यात्मिक जीवन जी रहे हों, गुरु का मार्गदर्शन दोनों ही स्थिति में जरूरी है। गुरु की भूमिका केवल विद्यार्थी जीवन में ही महत्वपूर्ण नहीं होती, गृहस्थ जीवन में भी गुरु उतने ही महत्वपूर्ण होते हैं। परिवार प्रबंधन में गुरु मार्गदर्शक हो सकते हैं।

गुरु और जल एक जैसे होते हैं। जिस प्रकार जल का महत्व यह है कि वो सबमें मिलकर उसका मान, स्वाद, रूप बढ़ा देता है, बिना जल के जीवन जीवन ही नहीं रह जाता। ऐसे ही गुरु का महत्व है। *हनुमानचालीसा* की 37 वीं चौपाई में तुलसीदासजी ने गुरु को याद करते हुए लिखा है – *जै जै जै हनुमान गोसाईं, कृपा करहु गुरुदेव की नाईं।* हे हनुमानजी, तीनों काल (भूत, भविष्य, वर्तमान) में आपकी जय हो। आप मेरे स्वामी हैं, श्री गुरुदेव की तरह मुझ पर कृपा कीजिए।

तीन बार जै जै जै कहा है यानी तीनों कालों में कृपा करें। इस चौपाई में 'गोसाईं' शब्द का प्रयोग किया है। 'गो' का मतलब इंद्रियाँ और 'साईं' मतलब उसके मालिक। अर्थात जो अपनी इन्द्रियों के स्वामी हैं वे हनुमान हैं, जिसके वश में अपनी इन्द्रियाँ हैं, वे हनुमान हैं। आगे लिखा है, *कृपा करहु गुरुदेव की नाईं।* हे हनुमानजी, मुझ पर

गुरुदेव की तरह कृपा कीजिए, गुरु बनकर मेरी रक्षा कीजिए।

देखिए, आजकल गुरु बनाना बहुत समस्या का काम हो गया है। गुरु के मामले में हमारी निष्ठा डँवा-डोल होती रहती है। किसे गुरु बनाएँ? फिर ठीक गुरु मिले नहीं मिले। लेकिन यह सत्य है कि दुनिया में कृपा यदि कोई कर सकता है तो गुरु ही कर सकता है। भगवान एक बार नाराज़ हो भी जाएँ, लेकिन गुरु कभी नाराज़ नहीं होते।

गोस्वामीजी ने कहा, 'कोई चिंता की बात नहीं है। गुरु नहीं मिले तो न सही।' उन्होंने तो घोषणा कर दी- *'कृपा करहुँ गुरुदेव की नाईं।'* यानी और कोई गुरु नहीं मिले तो हनुमानजी को ही गुरु बना लें। इनसे अधिक कृपालु गुरु और कौन हो सकते हैं। संपूर्ण *श्रीहनुमानचालीसा* हमारा गुरु है और जो जीवन में गुरु को महत्व देना चाहते हैं उन्हें जल को भी उतना ही महत्व देना चाहिए। गुरु जीवन बनाएँगे, जल जीवन बचाएगा।

गुरु की भूमिका केवल विद्यार्थी जीवन में ही महत्वपूर्ण नहीं होती। गृहस्थी या परिवार प्रबंधन में भी गुरु मार्गदर्शक हो सकते हैं। दुनिया में यदि कोई कृपा कर सकता है तो गुरु ही कर सकता है। प्रयास किया जाए जीवन में कोई न कोई गुरु ज़रूर हो।

121

जिसने मरघट पर जीना सीख लिया वह 'अमर' हो जाता है

मनुष्य को मनुष्य बनाना एक कला है जिसे भारतीय संस्कृति ने बहुत सुंदर तरीक़े से सजाया है। जन्म और मृत्यु के बीच का जो जीवन है उसे सँवारने की संभावना परमात्मा ने सबको समान रूप से दी है। जैसे-जैसे हम बड़े होते हैं अपने-अपने तरीक़े से सब लोग शक्ति संपन्न होते जाते हैं, लेकिन कुछ बातें सबमें समान होती हैं। इनमें से एक है भीतरी अशांति।

सांसारिक रूप से समर्थ और असमर्थ दोनों ही तरह के लोग भीतर से समान रूप से अशांत पाए जाते हैं। इसलिए जीवन में अध्यात्म ज़रूरी हो जाता है।

अपने भीतर उतरते ही आदमी एक ऐसे निराकार रूप से परिचित होता है जिसका नाम परमात्मा है। जो अपने भीतर के भगवान से परिचित हो जाता है उसके बाहर का मामला बदल जाता है और यहीं से मनुष्य, मनुष्य बनने लगता है।

एक बार कुछ लोग गुरुनानक को ढूँढ़ रहे थे। पता लगा वे मरघट की ओर गए हैं तो सब चौंक गए। नानक जीते जी वहाँ क्यों गए? नानक का जवाब था जो जीते जी मरघट पर पहुँच गया, फिर वह कभी नहीं मरता। जिसे हमने संसार का घर-परिवार कहा है वह एक दिन मरकर रहेगा और जिसने मरघट पर जीना सीख लिया उसे

कोई नहीं मार सकेगा।

नानक की बात लगती आध्यात्मिक है पर शहीद भगतसिंह जैसे लोगों ने इसी आध्यात्मिक दर्शन को जीवन में क्या ग़ज़ब उतारा है। कोई फांसी का फंदा भगतसिंह को नहीं मार सका। नानक की भाषा में भगतसिंह और उनके साथी तो पहले से ही मरघट पर पहुँच चुके थे और इसीलिए वे आज भी जीवित हैं।

हम अपने भीतर उतरकर अपने परमात्मा से परिचित होते ही जीवन की बाहरी परिस्थितियों के नए अर्थ जान लेंगे। थोड़ी देर ध्यान करें स्वयं का और ऐसे महान लोगों का जो हमें मनुष्य का मनुष्य बनना सिखा गए।

सांसारिक रूप से समर्थ और असमर्थ दोनों ही तरह के लोग भीतर से अशांत पाए जाते हैं। इस अशांति से बचने या इसे भगाने का उपाय है अध्यात्म। अध्यात्म यानी स्वयं के भीतर उतरना, स्वयं को जानना।

122

प्रकृति की शक्ति से टकराना यानी सब कुछ झुलस जाना है

शक्ति सभी के पास होती है। इसके कम और ज़्यादा होने का झगड़ा चलता ही रहता है। महत्वपूर्ण यह है कि शक्ति का उपयोग कैसे और कब किया जाए? मनुष्य लगातार शक्तिशाली होने का प्रयास करता है। मनुष्य से मनुष्य की शक्ति टकराए तो परिणाम उतने घातक नहीं होते, लेकिन जब मनुष्य प्रकृति की शक्ति से टकराता है तब हमें जापान जैसे दृश्य दिखते हैं जहाँ जल में भी ऐसी जलन पैदा हो जाती है जिससे सब कुछ झुलस जाता है।

तीन तरह की शक्ति बताई गई हैं – शारीरिक, मानसिक और आत्मिक। इन सबमें मानसिक शक्ति को स्थिर करना सबसे अधिक ज़रूरी है। इसके बिना आत्मिक शक्ति तक नहीं पहुँच पाएँगे। शारीरिक शक्ति का नियंत्रण सामाजिक मर्यादा, मनुष्य की सीमाओं के कारण सरल होता है लेकिन मानसिक शक्ति का नियंत्रण इसलिए कठिन है कि यह नज़र नहीं आती है। यदि मानसिक शक्ति नियंत्रित है तो हमारा अगला कदम होगा हम आत्मिक शक्ति के केन्द्र में उतर जाएँगे, बल्कि हमारी मानसिक शक्ति वहाँ फेंक देगी और आत्मिक शक्ति के क्षेत्र में आलोचना के केन्द्र बदल जाएँगे। इसलिए मानसिक शक्ति के नियंत्रण में सदैव जागरूक रहें।

जैन मुनि प्रज्ञासागरजी से किसी ने पूछा था धर्म करने का

सबसे अच्छा समय कौन सा है? उनका जवाब था आज, अभी, इसी समय। फिर उनसे पूछा गया पाप करने का वक़्त? उनका जवाब था कभी-कभी, किसी वक़्त।

बात गहरी है। मानसिक शक्ति का सदुपयोग आज, अभी, जब भी मौक़ा मिले करते रहें और शारीरिक शक्ति का उपयोग कभी-कभी, किसी वक़्त पर करें। इसी का अगला क़दम होगा आत्मिक शक्ति तक पहुँच जाना और यहीं से सारी क्रियाएँ बदल जाएँगी और सांसारिक उपलब्धियों के अर्थ भी।

मनुष्य से मनुष्य की शक्ति टकराए तो परिणाम उतने घातक नहीं होते, लेकिन यदि मनुष्य प्रकृति की शक्ति से टकराएगा तो परिणाम भयावह ही होंगे। यदि हमारी मानसिक शक्ति नियंत्रित है तो हम आसानी से आत्मिक शक्ति के केन्द्र में उतर जाएँगे।

123

स्वयं से साक्षात्कार यानी मेरा प्रबंधक मैं रहूँगा

मिलना-जुलना आज के जीवन में मार्केटिंग कहलाता है। इस समय तो आदमी को ख़ुद के भी होने की मार्केटिंग करनी पड़ रही है। परिवार में ही पिता को पिता, माता को माता होने की, पति और पत्नी अपने-अपने रिश्तों की मार्केटिंग करनी पड़ रही है। विचार कीजिए क्या ख़ुद से कभी ख़ुद की मार्केटिंग की है। आध्यात्मिक जगत में इसे ही अपना साक्षात्कार करना कहते हैं।

जो स्वयं साक्षात्कार संपन्न होता है वह अपनी अच्छाई और कमजोरियों से भलीभाँति परिचित हो जाता है। तब न तो दूसरों में दोष देखता है और न स्वयं में अहंकार पैदा करता है। एक बार स्वयं से सही साक्षात्कार हो जाए तब आप मार्गदर्शन के लिए भी दूसरों की ओर नहीं देखेंगे, बल्कि स्वयं की ओर निहारकर आप स्वयं के मार्गदर्शक बन जाएँगे और सारी क्रिया अहंकार रहित होगी।

जितना हम स्वयं के साक्षी होते हैं उतना हम जान जाते हैं कि अहंकार कुछ नहीं होता। असल में अहंकार क्रिएट किया जाता है, बनाया जाता है। जब हम यह जान जाते हैं कि अहंकार रहित होने पर परमात्मा मिलता है तब हम धीरे-धीरे अहंकार का निर्माण बंद कर देते हैं। यूँ समझ लें साइकिल चलती है पैडल लगाने से। आप पैडल लगाना बंद कर दें तो थोड़ी दूर जाकर साइकिल रुक जाएगी। अहंकार

का मामला भी ऐसा ही है।

हम स्वयं पद के, प्रतिष्ठा के, महत्वाकांक्षाओं के पैडल लगातार लगाते रहते हैं और अहंकार की साइकिल चलती रहती है। निरंतर सक्रियता अहंकार को पसंद है लेकिन सतत सक्रियता आज के समय में व्यावसायिक जीवन में ज़रूरी भी है।

ऐसे में जो लोग स्वयं का साक्षात्कार कर लेंगे वे निरंतर सक्रिय रहेंगे, सतत सजग रहेंगे कि अहंकार का निर्माण नहीं हो और कर्म के परिणाम भी मिलते जाएँ। और जब ऐसी स्थिति बन जाती है तो परिवार का आनंद कई गुना हो जाता है।

जीवन में आत्म साक्षात्कार बहुत ज़रूरी है। जो स्वयं साक्षात्कार संपन्न होता है वह अपनी अच्छाई और कमज़ोरियों से भलीभाँति परिचित हो जाता है। तब वह न तो दूसरों में दोष देखता है और न स्वयं में अहंकार पैदा करता है। आत्म साक्षात्कार हमें निरंतर सक्रिय व सजग रखता है।

<u>124</u>

भक्ति में संख्या से अधिक समर्पण ज़रूरी है

पूजा में जब तक कर्मकांड का भाव होता है तब तक संख्या का महत्व बना रहता है। इसीलिए कई भक्त अपनी पूजा संख्या के हिसाब से करते हैं। हमने इतने जप किए, इतनी संख्या में तीर्थ किए, इतने पारायण कर लिए। दरअसल, परिवार की ही तरह भक्ति में भी समर्पण जरूरी है। यहाँ संख्या का अधिक महत्व नहीं होता।

तुलसीदासजी संख्या के मामले में हमेशा संकोच में रहे हैं। *हनुमानचालीसा* में एक जगह उन्होंने ऐसी पंक्ति लिखी है कि भक्तजन संख्या में उलझ जाते हैं। 38वीं चौपाई में लिखा है- *जो सत बार पाठ कर कोई। छूटहि बंदि महा सुख होई।* यानी जो इस *श्रीहनुमानचालीसा* का सौ बार पाठ करता है वह सारे बंधनों और कष्टों से छुटकारा पा जाता है और उसे महान सुख की प्राप्ति होती है।

तुलसीदासजी कह रहे हैं सौ बार पाठ करें तो महासुख होगा। जिन्हें कोई काम नहीं वे तो सौ बार पाठ कर सकते हैं किन्तु अनेक लोगों को नौकरी पर जाना है, धंधा करना है वो क्या करें। गोस्वामीजी कहते हैं सौ बार नहीं कर सकें तो कम से कम पाँच या तीन बार करें, लेकिन नियम से करें। जप कीजिए, पाठ कीजिए आवृत्ति होगी और यही आवृत्ति आपके जीवन को सही दिशा दे देगी, धन्य कर देगी।

कुछ विद्वानों का ऐसा भी मत है कि 'श' को अवधी भाषा में 'स' उच्चारित किया जाता है। अत: सत का अर्थ सौ या सात भी है।

प्रतिदिन सात बार भी इसका पाठ किया जा सकता है।

एक संत ने बताया था सत बार का सबसे सुंदर अर्थ यह है कि जैसे नींबू को पूरी तरह निचोड़ने पर अंतिम बूँद को सत कहते हैं, उसी प्रकार अपनी भक्ति को पूरी तरह से समर्पित करें, निचोड़ दें और फिर जो अंतिम बूँद की तरह सत हो उस भाव से *हनुमानचालीसा* का पाठ करें।

भक्ति में संख्या से ज्यादा समर्पण का महत्व होता है। *श्रीहनुमानचालीसा* के नियमित पाठ या जप से होने वाली आवृत्ति जीवन को सही दिशा देती है, धन्य करती है। यहाँ भी संख्या से ज़्यादा समर्पण ज़रूरी है।

125

स्वयं को जाने बिना परमात्मा को नहीं जान पाएँगे

जीवन का एक सच यह भी है कि आदमी अपनों के ही कारण अपनों से दूर हो जाता है। जब ऐसा हो तो फिर सारी प्रकृति अपनी हो जाती है। अपनों से दूर होने पर हमारी धार्मिक प्रवृत्ति हमारे बड़े काम आती है। धर्म और धार्मिक प्रवृत्ति थोड़े अलग-अलग मामले हैं। धर्म चेहरा है और धार्मिक होना उसके प्राण हैं। जैसे ही हम अपनी धार्मिकता को समझ लेंगे हमारे लिए अपने और पराए के अर्थ व्यापक हो जाएँगे।

रिश्तों की जो सच्चाई होती है वह प्रेम से समझ में आती है। जीवन में प्रेम आते ही सारा दृष्टिकोण व्यापक हो जाता है। इस व्यापकता का नाम ही धर्म का सत्य स्वरूप है। सच्चे धर्म का संबंध मनुष्य के सत्य के जानने से है। सच्चे धर्म की खोज मनुष्य के भीतर जो छुपा है उसे पहचान लेने से है।

मनुष्य के भीतर बहुत कुछ है। यदि नदी की तली में चट्टानें नहीं होतीं तो उसकी धाराओं में कोई संगीत भी नहीं होता। इसी तरह मनुष्य के भीतर गहराई में उतरने पर अपनी ही पहचान का संगीत सुनाई देने लगता है। एक बार वह संगीत पहचान लिया जाए तो वही पहचान अंत में परमात्मा की पहचान सिद्ध होती है।

एक संन्यासी सारी दुनिया की यात्रा कर भारत लौटकर आया

था। उस राज्य के राजा ने संन्यासी से पूछा क्या कहीं परमात्मा को खोज सके? संन्यासी ने उत्तर दिया मैं इतना जान पाया हूँ कि जिस दिन हम यह जान लेते हैं कि हम कौन हैं उसी दिन हम परमात्मा को जान पाएँगे। न वह मूर्तियों में है, न नाम में है, न चित्र में, न रूप में है। ये सब तो उसके प्रवेशद्वार हैं, उन्हें लाँघकर अंदर पहुँचाना है।

अध्यात्म मार्ग पर मन बहाने ढूँढ़ लेता है और बहाने वे कीलें होती हैं जिनका उपयोग असफलता का मकान बनाने में होता है। फिर चाहे वह असफलता भौतिक जीवन में हो या भक्ति के जीवन में।

रिश्तों की सच्चाई प्रेम से समझ में आती है। जीवन में प्रेम आते ही सारा दृष्टिकोण व्यापक हो जाता है। इस व्यापकता का नाम ही धर्म का सत्य स्वरूप है। सच्चे धर्म का संबंध मनुष्य के सत्य के जानने से है।